新輯十善業道經

【白話講解】

黃勝常◆著

娑竭羅龍王宮法會圖

美國東宜蘭女士兩千零二年恭繪

目錄

自序

整個二十世紀，人類最關心的問題就是托爾斯泰所提出的「戰爭與和平」的問題。

作為「道德與善惡」的代言人聖雄甘地的聲音，雖曾數度引起人們的注意，但始終佔不了主流的地位。

直到兩個世紀交接處來臨時，毒品、犯罪、自殺、精神病的泛濫失控，反映出人類思想行為的失控，因此作為思想行為規範的「道德與善惡」問題，不能不被嚴肅地提到日程表上來。

道德是對善惡分辨的準則。由於歷史背景、地理環境的不同，各時代、各地區的人們，信守奉行的道德縱使有許多的差異，但有四條最重要的準則是行之千古不易、放諸四海皆準的，那就是「殺、盜、婬、妄」這四條。

換句話說，古往今來人類全體毫無異議地相信承認著一個共同的道德：「殺、盜、婬、妄」是四大極惡不善之法。反之，若能遠離此四大惡，則名為善。

這正和佛教中的「四重禁戒」完全相符合。

在急速「全球化」的今天，人類很容易重新達成這樣一個共識：正因為人類普遍觸犯了「殺、盜、婬、妄」四種惡行，才導致了嚴重失控，由於失控，才導致了人類普遍的苦難。這個認識本來是大家早都有的。

這樣看來，答案也似乎是十分簡單容易的了。只要人們重新遵奉「四重禁戒」，不再觸犯殺、盜、婬、妄，就能重新掌握自己的命運，也就可能從苦難中解脫出來。

看起來簡單容易，卻仍有麻煩。人類何時、何故放棄了「四重禁戒」，開始了殺、盜、婬、妄，令自己失控，把局面搞亂，使苦難叢生？

大體說來，人們是先對異族、異邦、異類人進行殺、盜、婬、妄，才對同族、同邦、同類人進行之。

但這仍然還沒有解答，人們為什麼會開始犯「四重禁戒」？這個答案就在佛法的「十善法戒」之中。

「十善法戒」把人類的惡行歸納為十種：當人們拒絕為自己的行為負責時，就會犯下殺、盜、婬三種惡行；當人們拒絕為自己的言論負責時，就會犯下妄語、兩舌、惡口、綺語（諂媚無義之語）四種惡行；當人們拒絕為自己的思想負責時，就會犯下貪欲慳吝、瞋恨嫉妒、憍慢邪見三種惡行。

佛陀進一步指出，若不犯思想上的三種惡行，則言論、行為上的七種惡行都喪失了動力，造作不起來。這就說明了，原來我們心中的貪欲慳吝、瞋恨嫉妒、憍慢邪見是我們造作殺、盜、婬、妄（還有妄語、兩舌、惡口、綺語）的直接原因。

這就是說：只要我們持上「十善法戒」，我們就自然能夠不再去犯殺、盜、婬、妄，如是人類重新掌握自己的命運，走出苦難的折磨。

我學佛十多年，打從一開始就學過「十善法戒」，但卻從未予以重視，直到自己跌得鼻青臉腫、頭破血流，才開始正視「十善法戒」。

經過很長遠的心歷路程才慢慢地認識到：原來「十善法戒」是三乘法修行的唯一通道，不僅如此，「十善法戒」亦是一切人希求離苦得樂的幸福之路！

勝常序於
美國華州西雅圖東山講堂
二〇〇二年耶誕日

《十善業道經》的背景介紹

公元二六五年，西晉武帝泰始元年，有位名叫竺法護（DHARMARAKSA）的西域月支地區的僧人來到長安，此人博學多聞，聰明強記，又勤奮用功，他同時還是一個語文學家，精通梵文及多國語言。

竺法護來華時攜帶了大量的佛經，並積極從事翻譯工作，三十多年間，竟將一百多部經典譯成漢文，其中大多是重要的大乘經典，如《妙法蓮華經》、《楞嚴經》、《維摩詰所說經》、《無量壽經》等經的最早譯文，都出自於他。當時漢傳佛教還處於相當幼稚的階段，他應算是早期最偉大的譯經師之一。

他所譯諸經中，有一部經叫作《佛說海龍王經》，這部經的第十一品——十德六度品的內容就是《十善業道經》。因此，可以說這也是本經的第一個漢文譯本。不過後來的人對這個譯本，多不熟悉。

由於那時漢傳佛教才剛開始不久，許多佛教基本概念還未確立，專有名詞的使用也未統一，同時去今太遠，文字過於古樸，再加上內容有疏漏，這些可能都是這最早譯本受到後人忽視的原因。

四百三十年以後，又有一位叫實叉難陀（SIKSANANDA）的西域僧人來到中原，他帶來了比較完整的八十卷《華嚴經》的梵文本，他是受到武則天皇帝正式邀請前來的，因此獲得朝廷的禮遇和支持，給了他很好的工作條件，讓他能夠在譯經工作上得到了許多方便。當然，實叉難陀自己的修持證悟才是他翻譯成就最主要的原因。

他是玄奘大師以後，也是漢傳佛教中期最偉大的譯經師。他的特色是專門翻譯比較完整的大部頭經典，但他卻又重譯了這部只有三千字的《十善業道經》。

很可能實叉難陀當時根據手中的梵文經本，查對了竺法護的譯本，感到不滿意，又覺得此經的特殊重要性，才決定重新翻譯，於是便有了《十善業道經》的第二個譯本。

又過了二百八十五年，到了公元九百八十年，中國正在北宋太宗皇帝統治下，從北印度來了一位叫施護（DANAPALA）的僧人，他後來成為漢傳佛教經典翻譯史後期的大成就者。

根據他所得到的梵本，再查對實叉難陀的翻譯，施護可能因其遺漏太多，所以還是很不滿意，於是翻出了本經第三個譯本，定名為《佛為娑伽羅龍王所說大乘經》。這個新譯本的篇幅增加了將近一倍。

七百一十五年之間，三位佛學大師，將這部極短的經文，各自翻譯了一次，可見此經的重要性。

比對了這三種譯本，發現有了後兩種，最早竺法護的譯本，顯得缺乏份量。深入學習了實叉難陀和施護的兩種譯本之後，覺得施護所譯雖最詳盡，但實叉難陀的貢獻仍不可忽視。「施本」的特點是詳而不夠精，「實本」的特點正好相反——精而不詳。

於是在選定版本時，發生了困難。而這部經雖短，卻對末法時期修學佛法的人，乃至一切人都是極端重要的。因為任何人想今生作為一個「善男子」或「善女人」，必須通過學習此經，持上「十善法戒」才算數；任何佛子都必須通過這一關，否則其他一切三乘佛法都夠不著。嚴格地說，它和一切人都有著決定命運的關係，我們不能不把這麼重要的經典重新介紹出來。

因此，筆者把這兩個本子合起來重新編輯，原則是：一，盡可能忠於原譯文字；二，取長補短。於是這本《新輯十善業道經》便出世了。

編者同時也將實叉難陀和施護的原譯本全文都刊載於後，以方便讀者查對，並且也表示對新輯本的文字負責。

除此之外，新輯本的內容還包括了經文的白話講解、專有名詞註解、法要（經文中佛法觀念的探討）、序文、導讀等。希望借助這些內容，為讀者深入這部極重要的經典，提供方便。

勝常識於

美國華州西雅圖東山講堂

兩千零二年十二月二十日

導讀一：如何學習此經

建議讀者將《新輯十善業道經》原文先通讀一遍，再朗誦十遍，如能再抄寫三遍更好。

不必嫌煩，這本經文很短，才四千五百七十七字。

抄誦完畢後，再細讀，逐字逐句思惟其義，如讀不懂、想不通、猜不透，則請查對「白話講解」。

假使讀了白話講解後，仍然有疑問，則請查對「註」，如果註釋還解決不了問題，則請細讀「法要」。

對於初學的朋友，建議將重點放在第三、四、五品，甚至可將經文背熟（總共才兩千一百四十八字），隨時將自己的身三、口四、意三等十種行與經文「對號入座」，定受大惠利。

等意思全搞通了，再去讀本經的「背景介紹」，然後再讀「自序」，最後才讀「深入此經——行上十善道」一文。

讀者如果照上面建議去作，設若仍有問題，或有高見，或有感應，或有指正，請以電郵、傳真、書信、電話與東山講堂直接連絡。

勝常識於

二零零二年十二月二十六日

美國華州西雅圖東山講堂

導讀二：深入此經──行上十善道

善惡苦樂

佛教向來有這麼兩條公式：

一、個人的樂與苦，在於個人心的善與惡──人心惡了，就會行惡，行惡就會受苦；反之，人心善了，就會行善，行善就會受樂。

二、集體的命運，也在於人心，大家心惡了，就普遍行惡，普遍行惡，就召感來種種天災人禍；反之，大家心善了，就普遍行善，普遍行善，就召感來風調雨順，國泰民安。

佛教認為「萬法由心造」──「心生種種法生；心滅種種法滅。」

這兩條公式指出善與樂、惡與苦的必然因果關係。

關於「萬法由心造」一點，很難不引出「唯心論」與「唯物論」之諍，而佛法又偏偏不在這兩論的範疇之內。因為佛法認為不只「萬法盡空」，而且心也是空，甚至進一步指出心是大幻師，所以既非「唯心論」，又非「唯物論」。不過，這個道理太深，幾句話說不清，在本經第一品的「法要」有進一步的探討，雖有探討，也還是說不清，因為這個道理需要用畢生，甚至用多生的實踐去取證的。

在這裡就先把善、惡、苦、樂的必然因果關係介紹一下。

佛法對「善」的定義是：有利益而無傷害；對「惡」的定義是：有傷害而無利益。

有利無害則「樂」；有害無利則「苦」。

一切眾生都想離苦得樂，但一切眾生卻又都在「八苦」不斷之中，正是因為：

一、善惡不分；

二、搞不清善與樂、惡與苦的必然因果關係。

所以，我們經常為求幸福快樂，卻反作出傷毀幸福快樂的事來，甚至有時以傷害為手段，想達成利樂的目的。

佛陀為悲愍救拔眾生故，先要我們分清善惡。

什麼是惡？就是十種惡：我們在思想上能造作三種惡——憍慢邪見、瞋恨嫉妒、貪欲慳吝；在言論上能造作四種惡——妄語、兩舌（挑撥離間語）、惡口、綺語（諂媚無義語）；在行動上能造作三種惡——殺生、偷盜、邪婬。

加起來總共十種惡，也就是十種傷害之法，它們之中任何一種都能傷害我們的最高利益——幸福快樂。

什麼是善？就是遠離十種惡以後，所作的一切，都是善。

其次，佛陀要我們明白：若行十惡，不只沒有幸福快樂，只能得到八種苦：生、老、病、死、愛別離、怨憎會、求不得、逼迫熱惱。所以，惡果是苦。

最後佛陀要我們知道：若能遠離十惡，不只不會有八種苦，但有所作都是善，將得到一切幸福快樂。所以，善果是樂。

如何遠離十惡？

持「十善法戒」就遠離十惡。什麼是「十善法戒」？就是要求自己，隨時隨地盯住身、口、意三業所能造作的十種惡行。

換句話說，就是要控制住我們的思想、言論、行為。

再換句話說，就是要我們在思想上不犯憍慢邪見、瞋恨嫉妒、貪欲慳吝的錯誤；在言論上不犯妄語、兩舌、惡口、綺語的錯誤；在行為上不犯殺生、偷盜、邪婬的錯誤。

如果我們成功地禁止這些錯誤，全面地掌控自己的思想、言論和行為，就能夠遠離十惡，不再自欺欺人、自害害他。這樣，我們所想、所說、所作都無害而有利，就能夠避開八苦，而得種種幸福快樂。

這部《新輯十善業道經》的中心思想即在於此。

經中為我們指出了造惡和造善的因緣，更詳細地分析了造作十惡所必得的種種苦果，以及遠離十惡、行於十善所必得的種種樂果。

整部經的關鍵在正確認識十惡業道的因緣果報，以及遠離十惡。而遠離十惡的唯一辦法，就是信受奉持「十善法戒」。

十善大地

本經提出另一個重要觀點就是「十善大地」。佛經中常把人心比喻成「土地」、「田地」，如「淨土」、「心地」、「福田」等。佛說：「心生種種法生」以及「萬法由心造」。而土地和田地能種植、生長、養育一切。如果我們的心長期陷在黑暗邪迷之中而不自見，這樣的心只能思量惡事，對一切人、事、物只能作下劣想，不能作殊勝想，於是三粒惡種子——憍慢邪見、瞋恨嫉妒、貪欲慳吝便在自心田地上生根發芽，等到根芽茁壯、枝葉扶疏時，便長養出十惡業道來，再等到開花結果時，收穫的就是八苦之果。

這樣的自心田地，叫做「十惡業田」。為了「離苦得樂」，就必須拔除十惡之根，必須改善土壤。

如果我們能夠遠離十種惡行，我們的自心田地就不會再受到惡的遮蔽、逼迫、傷毀、毒害，這時土質良好、土地擴大、種子優秀——心地善良，心量廣大。但有所思、但有所言、但有所作皆無不善，善種子生根發芽、茁壯成長，即是十善業道，收穫的是種種世間及出世間的幸福快樂之果。

這樣的自心田地，叫作「十善大地」，又叫「福田」。

這就是為什麼人人都應當持上「十善法戒」，建立「十善大地」，遠離十惡業道，行上十善業道的理由。也是佛陀為什麼要開示此經的因緣。

授戒得戒

修行十善業道的先決條件是建立十善大地，建立十善大地的先決條件是遠離十惡業道，遠離十惡業道的先決條件是持十善法戒。

要學會持好十善法戒，照佛陀在《未曾有說因緣經》中開示，必須先找明師授戒。

為什麼要找明師？因為明師是明了因緣果報的善知識，他能為我們開示持戒與不持戒，也就是十善與十惡的因緣果報。

慚愧懺悔

其次，我們必須先「清淨身、口、意三業」，才能授戒、持戒。因為如來的甘露法水，只能以「淨器」來盛。而慚愧懺悔是唯一清淨三業的辦法。

佛教的慚愧懺悔法，是誠實勇敢地發露過去、現在所造十惡，也就是隨時隨地把自己所思、所言、所行拿來跟十惡行「對號入座」，並且進一步去正確揭示造惡受苦的因緣果報，然後痛切訶責，永不再犯。如是才算三業清淨。

明師授戒

在發露揭示的過程中，我們會有盲點和「視覺死角」，這就必須有明師提示，方能正確、徹底、完整，以達真正清淨之效。

經明師開解「十善法戒」，並如法慚愧懺悔，就叫得授戒法，簡稱「得戒」。這樣就能如法持戒，因持戒而得建立真實福田——十善大地，於十善大地之上修治履行十善業道，得一切樂果善報。

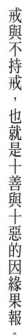

讀者可能會問：「眼前若無明師怎麼辦？」

建議讀者學習本經同時，也學習《地藏本願經》以及《未曾有說因緣經》，這樣對「自見」的本領會有幫助。這兩本經文和經解，在中國大陸由民族出版社發行，在台灣由東山講堂出版，紅螞蟻圖書有限公司總經銷，如書店缺貨，可直接向總經銷郵購。

其實，只要我們求法心發得真切，並堅持不懈，保證定能遇上善知識，通常是先得遇見善友，再由善友引見善知識。

更直接的辦法是，以真切心和清淨心祈求地藏菩薩，即得菩薩護念加持，便直接以菩薩為明師——真正大善知識也。

這裡讀者可能又要問：「我若碰上『明師』能認出他來嗎？」換句話說，就是如何檢驗分辨誰是明師、善知識？答案是：凡是能帶領引導我們出離十惡八苦的，就是我們的明師善知識。

如何持好戒？

既依慚愧懺悔法，清淨了身、口、意三業，如何保持清淨？如何令已得的十善大地不再輕易受到十惡的雜染？就一定要持好戒。持戒就是保持清淨。

持戒要講究「動力」。首先，要經常想到若不持戒，則造十惡而受八苦。再想死後的地獄、畜生、餓鬼三惡道之苦，加上死前的種種災難苦厄。再想想持好戒，安穩行於十善業道上種種今世後世的幸福快樂。這樣就有動力去持戒。

至於持戒的方法，佛陀在本經中開示，就是要「經常思惟觀察十種惡行」。這是一個「總持法門」。具體來行，可分三個步驟：

提高對十惡的警惕；

慚愧懺悔十惡；

隨時向地藏菩薩及善友求救。

為什麼求地藏菩薩？

因為「地」者乃十善大地也，而「藏」者是十善大地之上安住長養之一切善法寶藏，所以十善法戒也可以說是「地藏戒」。依此戒來歸依地藏菩薩並祈求菩薩護念加持，最最靈驗！

善友

因為我們自己有盲點，有「視覺死角」，需要善知識、善友提醒。佛陀在《大般涅槃經》中說：「善友乃菩提心最近因緣。」

十善業道行往何處？

這是一個種瓜得瓜、種豆得豆的問題。先問我們自己想得什麼收穫，才能決定在十善大地上下什麼種子，然後再講究用什麼方法栽培養育。

用佛法的語言來表達，就是先發什麼願——想什麼收穫；再發什麼心（發明心地）——下什麼種；再依什麼法修行——用什麼方法栽培養育。

假如我們的願望是免三惡道苦，想受生人天高處，盡受人天勝妙五欲之樂，那就要發明十善之心，修人、天兩道。

假如我們的願望是永斷生死輪迴，得阿羅漢果，那就要發小乘菩提心，修聲聞道。

假如我們的願望是永破無明，得神通智慧，成辟支佛果，就要發中乘菩提心，修緣覺道。

假如我們的願望是成佛，那麼就要發大乘菩提心（無上正等正覺心），修菩薩道。

在十善業道上能行多遠，端看我們起什麼願、發什麼心、修什麼道。願愈大，心也得發得更大，道也修得更遠。修行到最究竟處，即是成佛。

勝常識於
二零零二年十二月二十六日
美國華州西雅圖東山講堂

《大般涅槃經．如來性品》

不見善不作　唯見惡可作
是處可怖畏　猶如險惡道
云何見所作　云何得善法
何處不怖畏　如王夷坦道
作惡不即受　如乳即成酪
猶灰覆火上　愚者輕蹈之

十善業道經

大唐于闐三藏實叉難陀奉　制譯

如是我聞。一時佛在娑竭羅龍宮。與八千大比丘眾三萬二千菩薩摩訶薩俱。爾時世尊告龍王言。一切眾生心想異故造業亦異。由是故有諸趣輪轉。龍王。汝見此會及大海中形色種類各別不耶。如是一切靡不由心造善不善。身業語業意業所致。而心無色不可見取。但是虛妄諸法集起。畢竟無主無我我所雖各隨業所現不同。而實於中無有作者。故一切法皆不思議自性如幻。智者知已應修善業。以是所生蘊處界等。皆悉端正見者無厭。龍王。汝觀佛身。從百千億福德所生。諸相莊嚴光明顯曜蔽諸大眾。設無量億自在梵王悉不復現。其有瞻仰如來身者。莫不目眩。汝又觀此諸大菩薩妙色嚴淨。一切皆由修集善業福德而生。又諸天龍八部眾等大威勢者。亦因善業福德所生。今大海中所有眾生。形色麁鄙或大或小。皆由自心種種想念。作身語意諸不善業。是故隨業各自受報。汝今當應如是修學。亦令眾生了達因果修習善業。汝當於此正見不動。勿復墮在斷常見中。於諸福田歡喜敬養。是故汝等亦得人天尊敬供養。龍王。當知菩薩有一法。能斷一切諸惡道苦。何等為一。謂於晝夜常念思惟觀察善法。令諸善法念念增長。不容毫分不善間雜。是即能令諸惡永斷善法圓滿。常得親近諸佛菩薩及餘聖眾。言善法者。謂人天身。聲聞菩提獨覺菩提無上菩提。皆依此法以為根本而得成就。故名善法。此法即是十善業道。何等為十。謂能永離殺生偷盜邪行妄語兩舌惡口綺語貪欲瞋恚邪見

龍王若離殺生。即得成就十離惱法。何等為十。一於諸眾生普施無畏。二常於眾生起大慈心。三永斷一切瞋恚習氣。四身常無病。五壽命長遠。六恒為非人之所守護。七常無惡夢寢覺快樂。八滅除怨結眾怨自解。九無惡道怖。十命終生天。是為十。若能迴向阿耨多羅三藐三菩提者。後成佛時得佛隨心自在壽命。復次龍王。若離偷盜。即得十種可保信法。何等為十。一者資財盈積。王賊水火及非愛子不能散滅。二多人愛念。三人不欺負。四十方讚美。五不憂損害。六善名流布。七處眾無畏。八財命色力安樂。辯才具足無缺。九常懷施意。十命終生天。是為十。若能迴向阿耨多羅三藐三菩提者。後成佛時得證清淨大菩提智。復次龍王。若離邪行。即得四種智所讚法何等為四。一諸根調順。二永離諠掉。三世所稱歎。四妻莫能侵。是為四。若能迴向阿耨多羅三藐三菩提者。後成佛時得佛丈夫隱密藏相。復次龍王。若離妄語。即得八種天所讚法。何等為八。一口常清淨優□華香。二為諸世間之所信伏。三發言成證人天敬愛。四常以愛語安慰眾生。五得勝

意樂三業清淨。六言無誤失心常歡喜。七發言尊重人天奉行。八智慧殊勝無能制伏。是為八。若能迴向阿耨多羅三藐三菩提者。後成佛時即得如來真實語。復次龍王。若離兩舌。即得五種不可壞法。何等為五。一得不壞身無能害故。二得不壞眷屬無能破故。三得不壞信順本業故。四得不壞法行所修堅固故。五得不壞善知識不誑惑故是為五。若能迴向阿耨多羅三藐三菩提者。後成佛時得正眷屬。諸魔外道不能沮壞。復次龍王。若離惡口。即得成就八種淨業。何等為八。一言不乖度。二言皆利益。三言必契理。四言詞美妙。五言可承領。六言則信用。七言無可譏。八言盡愛樂。是為八。若能迴向阿耨多羅三藐三菩提者。後成佛時具足如來梵音聲相復次龍王。若離綺語。即得成就三種決定。何等為三。一定為智人所愛。二定能以智如實答問。三定於人天威德最勝無有虛妄。是為三。若能迴向阿耨多羅三藐三菩提者。後成佛時即得如來諸所授記皆不唐捐。復次龍王。若離貪欲。即得成就五種自在。何等為五。一三業自在。諸根具足故。二財物自在。一切怨賊不能奪故。三福德自在。隨心所欲物皆備故。四王位自在。珍奇妙物皆奉獻故。五所獲之物過本所求百倍殊勝由於昔時不慳嫉故。是為五。若能迴向阿耨多羅三藐三菩提者。後成佛時三界特尊皆共敬養。復次龍王。若離瞋恚。即得八種喜悅心法。何等為八。一無損惱心。二無瞋恚心。三無諍訟心。四柔和質直心。五得聖者慈心。六常作利益安眾生心。七身相端嚴眾共尊敬。八以和忍故速生梵世。是為八。若能迴向阿耨多羅三藐三菩提者。後成佛時得無礙心觀者無厭。

復次龍王。若離邪見。即得成就十功德法。何等為十。一得真善意樂真善等侶。二深信因果寧殞身命終不作惡。三唯歸依佛非餘天等。四直心正見永離一切吉凶疑網。五常生人天不更惡道。六無量福慧轉轉增勝。七永離邪道行於聖道。八不起身見捨諸惡業。九住無礙見。十不墮諸難。是為十。若能迴向阿耨多羅三藐三菩提者。後成佛時速證一切佛法。成就自在神通

爾時世尊復告龍王言。若有菩薩依此善業。於修道時能離殺害而行施故。常富財寶無能侵奪。長壽無夭不為一切怨賊損害。離不與取而行施故。常富財寶無能侵奪。最勝無比悉能備集諸佛法藏離非梵行而行施故。常富財寶無能侵奪。其家直順母及妻子無有能以欲心視者。離虛誑語而行施故。常富財寶無能侵奪。離眾毀謗攝持正法如其誓願所作必果。離離間語而行施故。常富財寶無能侵奪。眷屬和睦同一志樂恒無乖諍。離麁惡語而行施故。常富財寶無能侵奪。一切眾會歡喜歸依。言皆信受無違拒者。離無義語而行施故。常富財寶無能侵奪。言不虛設人皆敬受。能善方便斷諸疑惑。離貪求心而行施故。常富財寶無能侵奪。一切所有悉以慧捨。信解堅固具大威力。離忿怒心而行施故。常富財寶無能侵奪。速自成就

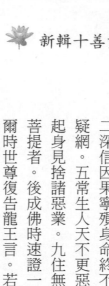

無礙心智。諸根嚴好見皆敬愛。離邪倒心而行施故。常富財寶無能侵奪。恒生正見敬信之家。見佛聞法供養眾僧。常不忘失大菩提心。是為大士修菩薩道時行十善業。以施莊嚴所獲大利如是。龍王舉要言之。行十善道以戒莊嚴故。能生一切佛法義利滿足大願。忍辱莊嚴故。得佛圓音具眾相好。精進莊嚴故。能破魔怨入佛法藏。定莊嚴故。能生念慧慚愧輕安。慧莊嚴故。能斷一切分別妄見。慈莊嚴故。於諸眾生不起惱害。悲莊嚴故。愍諸眾生常不厭捨。喜莊嚴故。見修善者心無嫌嫉。捨莊嚴故。於順違境無愛恚心。四攝莊嚴故。常勤攝化一切眾生。念處莊嚴故。善能修習四念處觀。正勤莊嚴故。悉能斷除一切不善法成一切善法。神足莊嚴故。恒令身心輕安快樂。五根莊嚴故。深信堅固精勤匪懈。常無迷忘寂然調順斷諸煩惱。力莊嚴故。眾怨盡滅無能壞者。覺支莊嚴故。常善覺悟一切諸法。正道莊嚴故。得正智慧常現在前。正莊嚴故。悉能滌除一切結使。觀莊嚴故。能如實知諸法自性。方便莊嚴故。速得成滿為無為樂。龍王。當知此十善業。乃至能令十力無畏十八不共一切佛法皆得圓滿。是故汝等應勤修學。龍王。譬如一切城邑聚落。皆依大地而得安住。一切藥草卉木叢林。亦皆依地而得生長。此十善道亦復如是。一切人天依之而立。一切聲聞獨覺菩提諸菩薩行。一切佛法咸共依此十善大地而得成就。佛說此經已。

娑竭羅龍王及諸大眾。一切世間天人阿修羅等。皆大歡喜信受奉行

十善業道經

恭錄《大藏經・第十五卷・經集部二》一五七頁至一五九頁

佛為娑伽羅龍王所說大乘經

西天譯經三藏朝散大夫試鴻臚少卿
傳法大師臣施護奉　詔譯

如是我聞。一時佛在大海中娑伽羅龍王宮莊嚴道場。與大比丘眾七千五百人俱。并諸得大智慧菩薩摩訶薩。自十方世界皆來集會。復有百千俱胝那由他梵王帝釋及護世等。天龍夜叉乾闥婆阿修羅誐嚕拏緊那羅摩睺羅伽等亦來集會

爾時世尊見彼一切大眾來集會已。告娑伽羅龍王言。龍主。觀此世間種種行業皆從妄起。種種心法當感種種果報。若彼不了當生種種之趣

龍主。汝當觀此大海之眾。見作種種士夫色相。龍主而彼一切色相。由於一切善惡身口意業。各各之心種種變化。然此心法雖云色相。由如幻化無可取故

龍主。此之色相一切諸法。本無所生亦無主宰。復無有我亦無礙故。如是種種所作之業。諸法自性皆幻化相不可思議

龍主。若有菩薩知一切法無生無滅無色無相。如實知已所作所修一切善業而無修

作。所有色相及蘊處界。一切生法悉無所見。彼若如實得是見已。當復觀察殊妙色相。龍主。殊妙色相云何觀察。當觀如來身相如來身者。皆從百千俱胝那由他福德之所生故。又如是之相。云何嚴持云何恭信。當得如是之相。復得人間天上無老無死。復得十百千他化自在天身。乃至大梵天身。此由心不散亂專注觀想。瞻仰如來最妙之身。實知此身一切色相殊妙莊嚴。皆從善業所集而得

龍主。如汝住宮一切莊嚴亦福所生。至於梵王帝釋及護世等。乃至天龍夜叉乾闥婆阿修羅迦樓羅緊曩羅摩睺羅伽人非人等所有一切莊嚴皆福所生

龍主。又此大海之中。所有眾生種種。或有廣大或復微細多住醜陋。彼一切身皆由種種心之所化。龍主。是故說言。隨身口意業之所得。龍主。如是之報。以業為因業為主宰。汝當令諸眾生起智慧心。所作所修隨學善業。於諸邪見不作不住。知彼邪見非為究竟。如是知已一切眾生當求為師咸來供養。并得天上人間歸信供養。龍主。而有一法。能令眾生斷於一切惡趣之業。云何一法。所謂觀察善法。而彼善法云何觀察。當觀自身。我於日夜行住坐臥。所興心意無不是過。如是覺察。令四威儀中諸不善法不得發生。如是斷盡諸不善法。當令善法而得具足。復使一切同善眾生。悉皆當得聲聞辟支及菩薩等。乃至無上正等正覺之位

龍主。云何善法。我今說之。所謂十善之業是為一切根本安住。是生天上人間根

本安住世間出世間殊勝善法根本安住。聲聞辟支佛菩薩根本安住。無上正等正覺根本安住。云何為彼根本安住。所謂十善業道。若能遠離殺生偷盜邪婬妄語綺語惡口兩舌乃至貪瞋邪見等若能如是遠離。是為十善業道。乃是世間出世間根本安住

龍主。士夫補特伽羅。遠離殺生獲得十種善法云何十法。所謂得無畏施。他一切眾生得住慈心。得正行得不起一切眾生過失之念。得少病樂得壽命長。得種種非人而作擁護。於眠睡覺寤皆悉安隱。又得賢聖守護心不厭捨。於睡夢中不見惡業苦惱之事。自得不怖一切惡趣。命終之後得生天上。龍主。士夫補特伽羅。獲得如是十種善法。行菩薩道得善心住善根成熟。當得無上正等菩提

龍主。士夫補特伽羅遠離偷盜。獲得十依止法。云何為十。所謂得大富自在。得免王難得免水火賊盜冤家之難。得多眷屬善順和睦得多人愛樂不相苦惱。凡所言說一切諦信。得無量財寶皆悉集聚。得此方他方一切稱讚。於一切行處無怖無畏。得他稱善名讚於智慧。又得色力壽命辯辯相應。於親非親心無分別不生惱害。命終之後得生天界

龍主。士夫補特伽羅。遠離偷盜獲得如是十依止法。以彼善根於諸佛法自能證知。當得無上正等正覺

龍主。士夫補特伽羅。遠離邪婬獲得四智善法。云何為四。所謂降伏諸根。離於

散亂。得世間一切稱讚。復得無量營從龍主。士夫補特伽羅遠離邪婬。獲得如是四智善法。以此善根當得無上正等正覺。復證大丈夫陰藏隱密之相。龍主。士夫補特伽羅。遠離妄語獲得天上人間八種善法。云何為八。所謂得口處清淨常如青蓮華香。又得世間一切正見。得天上人間一切愛樂。得身口意清淨。化彼一切有情令住三業清淨之行。得清淨已咸皆歡喜。得真實語言必誠信。得過人辯所出言辭咸有方便。於天上人間離諸過失。龍主。士夫補特伽羅。遠離妄語。獲得如是天上人間八種善法。而彼善根獲得口業清淨誠實正行。當得無上正等正覺

龍主。士夫補特伽羅。遠離綺語。當得三種一向之法。云何三種。所謂得知法者一向愛樂。得一向真實。復生智慧得一向。為人天師天上人間一切信樂。龍主。士夫補特伽羅。遠離綺語。獲得如是三種一向之法。以此善根迴向菩提。得一切如來授記。當證無上正等正覺。龍主。士夫補特伽羅。遠離惡口。獲得八種口過清淨。而得八種善法。云何為八。所謂實語愛語依義語軟語離取語多人愛樂語善語有義利語。龍主。士夫補特伽羅。遠離惡口。獲得如是八種清淨口業。以此善根迴向菩提。當來證得無上正等正覺。復得最上清淨梵音

龍主。士夫補特伽羅遠離兩舌。當得五種堅固。云何五種堅固。所謂得身堅固。當得遠離一切怖畏之難故。得眷屬堅固。不為他人之所貪故。得信堅固。獲得信

業果報故。得法堅固。獲得果證堅牢故。得善友堅固。常得愛語攝受故。龍主。士夫補特伽羅。遠離兩舌。獲得如是五種堅固。以彼善根迴向菩提。當證無上正等正覺。使彼一切外道魔王等。咸不能破壞故

龍主。士夫補特伽羅。遠離貪毒。獲得八種善法。云何為八。所謂得貪心消除。得殺心不生。得嫉妒心不生。得樂生聖族心為聖人尊重。得慈心以善業利益一切眾生。得身端正。得多人尊重。得生於梵世。龍主。士夫補特伽羅。遠離貪毒。獲得如是八種善法。以此善法迴向菩提心不退轉。當證無上正等正覺

龍主。士夫補特伽羅。遠離瞋毒。當得五種勝願圓滿。云何為五。所謂修身口意不退諸根不亂。當得一切廣大富貴圓滿。得冤家降伏。得一切廣大福德圓滿。得受人天最上供養。得一切廣大功德圓滿。於最上受用心所欲者皆得圓滿。如為富貴發百千最上勝願如願圓滿。龍主。士夫補特伽羅。遠離瞋毒。獲得如是五種圓滿。以此善根迴向菩提。證得無上正等正覺。而為三界之所尊故

龍主。士夫補特伽羅。遠離邪見獲得十種功德之法云何為十。所謂得自心安善及同行善友深信因果。得不為身命作於罪業。不久獲得賢聖之位。得不迷善法修人天行。不墮傍生及焰魔界。行於聖道得最上福。得離一切邪法。得離身見。得見一切罪性皆空。得天上人間正行不闕。龍主。士夫補特伽羅遠離邪見。獲得如是

十種功德。以此善根迴向菩提。速能證了一切佛法當得無上正等正覺

龍主。復次觀於十不善法微細之行。多墮地獄餓鬼畜生之趣。龍主。觀彼眾生。若復殺生。當墮地獄畜生焰魔等界。後生人間以餘業故得二種報。一者短命。二者苦惱。若復偷盜。當墮地獄畜生焰魔等界。後生人間以餘業故得二種報。一者自居貧賤。二者不得他人財寶。若復邪染。當墮地獄畜生及焰魔界。後生人間以餘業故得二種報。一者愚癡。二者妻不貞正。若復妄語。當墮地獄畜生及焰魔界。後生人間以餘業故得二種報。一者言不誠實。二者人不信奉。若復綺語。當墮地獄畜生及焰魔界。後生人間以餘業故得二種報。一者言不真正。二者所言無定。若復惡口。當墮地獄畜生及焰魔界。後生人間以餘業故得二種報。一者言多鬪諍。二者人聞不重。若復兩舌。當墮地獄畜生及焰魔界。後生人間以餘業故得二種報。一者得下劣眷屬。二者感親屬分離。若復多貪。當墮地獄畜生及焰魔界。後生人間以餘業故得二種報。一者不能利益他人。二者常被他人侵害。若復多瞋。當墮地獄畜生及焰魔界。後生人間以餘業故得二種報。一者心常不喜。二者多不稱意。若復邪見。當墮地獄畜生及焰魔界。後生人間以餘業故得二種報。一者邪見。二者懈怠龍主。若有行於如是十不善法。決定獲得如是果報。復更別得無邊諸大苦蘊

龍主。若復菩薩遠離殺生。修菩薩道行於布施。得大富長壽及無量福。得離一切

他侵之怖

龍主。若復菩薩遠離偷盜。修菩薩道行於布施。得大富貴及無量福。而於一切心無悋惜。證得深智諸佛所說無上法義龍主。若復菩薩遠離邪染。修菩薩道行於布施。得大富貴獲無量福。感善眷屬父母妻男悉無惡見

龍主。若復菩薩遠離妄語。修菩薩道行於布施。得大富貴獲無量福。當感所有語言一切善軟。凡起誠願堅固不退

龍主。若復菩薩遠離綺語。修菩薩道行於布施。得大富貴獲無量福。所言真實聞者信受。凡有所說斷一切疑。龍主。若復菩薩遠離惡口。修菩薩道行於布施。得大富貴獲無量福。所言可取聞無背捨。於諸眾中無有其過。龍主。若復菩薩遠離兩舌。修菩薩道行於布施。得大富貴獲無量福。於諸眷屬心住平等。愛之如一無有離散。龍主。若復菩薩遠離貪毒。修菩薩道行於布施。得大富貴獲無量福。得端正身諸根具足。見者愛樂心無厭捨。龍主。若復菩薩遠離瞋毒。修菩薩道行於布施。得大富貴獲無量福。得於仇讎心無所起。聞佛法要能生深信。龍主。若復菩薩遠離邪見。修菩薩道行於布施。得大富貴獲無量福。於三寶所而具正見。常近於佛得聞妙法。供養眾僧常無懈退。教化眾生令發菩提之心

龍主。若能修此十善之業行菩薩道。初以布施而為莊嚴。果報圓滿得大富貴。若

以持戒而為莊嚴。果報圓滿得一切佛法願滿具足。若以忍辱而為莊嚴。果報圓滿得佛菩提三十二相八十種好。復得梵音具足。若以精進而為莊嚴。果報圓滿當能降伏天魔外道。以諸佛法而救度之。若以禪定而為莊嚴。果報圓滿當得正念清淨法行具足。若以智慧而為莊嚴。果報圓滿。當得永斷一切邪見。若以大慈而為莊嚴。果報圓滿能令一切眾生降伏一切微細煩惱。若以大悲而為莊嚴。果報圓滿當得一切眾生心不厭捨。若以大喜而為莊嚴。果報圓滿當得一心而無散亂。若以大捨而為莊嚴。果報圓滿當得微細煩惱皆悉除滅

龍主。乃至以四攝法而為莊嚴。果報圓滿當得一切眾生隨順化導。若以四念處而為莊嚴。於身受心法悉能解了。若以四正斷而為莊嚴。能使一切不善之法皆悉斷滅。得一切善法圓滿。若以四神足而為莊嚴。能得身心皆獲輕利。若以五根而為莊嚴。當得信進不退心無迷惑。了諸業因永滅煩惱。若以五力而為莊嚴當得不愚不癡。及得永斷貧窮過失若以七覺支而為莊嚴。當得覺悟一切如實之法。若以八正道而為莊嚴。當能證得正智。若以奢摩他而為莊嚴。當得斷於一切煩惱。若以尾□舍囊莊嚴當得了悟一切法之智慧。若以正道而為莊嚴。當於有為無為一切方便悉能了知

龍主。我今略說十善之法而有莊嚴。至於十力四智及十八不共之法。乃至如來一

切法分。皆得圓滿

龍主。乃至廣大解說此十善業道莊嚴之事。當令修學。龍主。譬如大地。能與人界一切國城聚落乃至林樹及藥草等而為安住。又復諸業皆有種子。種子既有四大而成。由如種穀初生芽莖乃至成熟。皆依於地。龍主。此十善業道。能為天上人間一切有情勝妙安住。能令一切有為無為得智果報。一切聲聞及辟支佛。乃至菩薩無上正等正覺而為安住。亦復為一切佛法根本安住。龍主。我此所說。汝等一切當以正心而生信解

爾時。娑伽羅龍王。并在會諸菩薩摩訶薩。一切聲聞及天人阿修羅乾闥婆等一切大眾聞佛所說。歡喜奉行

佛為娑伽羅龍王所說大乘法經

恭錄《大藏經‧第十五卷‧經集部二》一五九頁至一六二頁

新輯十善業道經

殊妙色相品第一

如是我聞：一時佛在娑竭羅龍王宮，與八千大比丘、三萬二千菩薩摩訶薩俱。復有百千俱胝那由他梵王、帝釋及護世：天、龍、夜叉、乾闥婆、阿修羅、迦樓羅、緊那羅、摩睺羅伽等，亦來集會。

爾時世尊告龍王言：「一切眾生心想異故，造業亦異。種種造業皆從妄起。若彼不了種種心法，當感種種果報；當生種種之趣，由是故有諸趣輪轉。

龍王，汝見此會及大海中，形色種類，各別不耶？而彼一切色相，靡不由心，造善、不善身業、語業、意業所致。而心無相，不可見取。種種變化雖呈色相，皆由幻化。

但是虛妄，諸法集起，無有主宰。畢竟無我，亦無我所。雖各隨業所現不同，而實於中無有作者。故一切法皆不思議，自性如幻！

龍王，菩薩知一切法本無生滅，若論究竟，無色無相。如實知已，一切所修所作，堅持善業，以是所生，蘊、處、界等，皆悉端正，見者無厭，而不修作蘊、處、界等種種色相。一切生法，悉知是妄。彼若如實得是見已，當復觀察，殊妙色相。

龍王，殊妙色相云何觀察？當觀如來身相。汝觀佛身，從無量億福德所生，諸相莊嚴，光明顯耀，蔽諸大眾。設無量億自在梵王，悉不復現。其有瞻仰如來身者，莫不目眩。

龍王，汝今應知，云何嚴持，云何恭信，方得如是殊妙色相？要當修習心不散亂，專注觀想，瞻仰如來最妙之身。實知此身，一切色相殊妙莊嚴，靡不由於修集善業，而聚福德。

汝又觀此諸大菩薩，妙色嚴淨。一切皆由修集善業，所聚福德而生。又諸天、龍八部眾中，具大威勢者，亦因善業、福德所生。

乃至汝及彼等所住宮室，以及所處世界，其中一切殊妙莊嚴，皆由各自往昔善業、福德所生。福德之相即是妙相。

今大海中所有眾生，或大或小，形色粗鄙。皆由自心種種惡念，發起造作，成身語意諸不善業，彼一切身，皆由種種心之所化。是故隨業，各自受報。

如是種種善惡之報，以業為因，業為主宰。

汝今應當：專注修習身語意業，離惡就善。亦令眾生，了達如是因、緣、果、報，樂修三業離惡就善之法。由是發起智慧之心，正見不動，不復墮在斷、常二種邪見之中，知彼邪見，不能究竟了達因果。

如是知已，於諸福田歡喜敬養，是故汝等亦得人、天及諸眾生，求以為師，尊敬供養。

根本安住品第二

龍王，當知菩薩有一法，能斷一切惡趣之業，是故能離諸惡道苦。

何等為一？謂能善思惟觀察。

云何思惟觀察？謂觀察諸惡不善法。

云何思惟觀察諸惡不善法？當觀自身：我於日夜行住坐臥，所興心意無不是過，故身語意諸業之行，無不是惡。

如是觀察，當使惡念不興，令四威儀中，諸不善法不得發生。如是斷盡諸不善法，當令善法圓滿具足。

斷惡法故，依善法故，常得親近，諸佛菩薩及餘聖眾。復使同善眾生，皆依三乘道法，究竟證得佛果。

云何善法？謂能遠離殺生、偷盜、邪婬、妄語、兩舌、惡口、綺語、貪欲、瞋恚、邪見者，如是遠離，則能行於十善業道。

十善之業，是為一切根本安住；

是生天上人間根本安住；

世間、出世間殊勝善法根本安住；

聲聞道、辟支佛道、菩薩道根本安住；

無上正等正覺根本安住。

修治身業品第三

龍王，遠離殺生，即得成就『十離惱法』。何等為十？

一，於諸眾生普施無畏。

二，常於眾生起大慈心。

三，永斷一切瞋恚習氣。

四，身常無病。

五，壽命長遠。

六，恒為非人之所守護。

七，常無惡夢，寢覺快樂。

八，滅除怨結，眾怨自解。

九，無惡道怖。

十，命終生天。是為十。

若能迴向阿耨多羅三藐三菩提者，行菩薩道，得善心住；後成佛時，得佛隨心自在壽命。

龍王，復次觀於十不善行，多墮地獄、畜生、餓鬼之趣。若復殺生，墮三惡道。後生人間，以餘業故，得二種報：

一者，短命；

二者，苦惱。

龍王，遠離偷盜，即得成就十種『可保信法』。何等為十？

一者，資財盈積，王、賊、水、火及非愛子不能散滅。

二，眷屬和善，多人愛念。

三，人不欺負，人信其言。

四，十方讚美。

五，不憂損害。

六，善名流布，稱讚智慧。

七，處眾無畏。

八，財命色力安樂；辯才具足無缺。

九，於親非親，常懷施意。

十，命終生天。是為十。

若能迴向阿耨多羅三藐三菩提者，於諸佛法自能證知；後成佛時，得證清淨大菩提智。

若復偷盜，墮三惡道。後生人間，以餘業故，得二種報：

一者，自居貧賤；

二者，不得他人財寶。

龍王，遠離邪婬，即得成就四種『智所讚法』。何等為四？

一，諸根調順。

二，永離諠掉。

三，世所稱歎。

四，妻莫能侵，營從無量。是為四。

若能迴向阿耨多羅三藐三菩提者，後成佛時，得佛之大丈夫隱密藏相。

若復邪婬，墮三惡道。後生人間，以餘業故，得二種報：

一者，愚癡；

二者，妻不貞良。

修治口業品第四

龍王，遠離妄語，即得成就八種『天所讚法』。何等為八？

一，口常清淨，優鉢華香。

二，為諸世間之所信伏。

三，發言成證，人天敬愛。

四，常以愛語，安慰眾生。

五，得勝意樂，三業清淨。

六，言無誤失，心常歡喜。

七，發言尊重，人天奉行。

八，智慧殊勝，無能制伏。是為八。

若能迴向阿耨多羅三藐三菩提者，以此善根，獲得口業清淨，誠實正行；後成佛時，得如來真實語。

若復妄語，墮三惡道。後生人間，以餘業故，得二種報：

一者，言不誠實；

二者，人不信奉。

龍王，遠離兩舌，即得成就五種『不可壞法』。何等為五？

一，得不壞身，無能害故。

二，得不壞眷屬，無能破故。

三，得不壞信，順本業行故。

四，得不壞法行，所修所證堅固故。

五，得不壞善知識、善友，不誑惑故。是為五。

若能迴向阿耨多羅三藐三菩提者，後成佛時，得正眷屬，諸魔外道不能沮壞。

若復兩舌，墮三惡道。後生人間，以餘業故，得二種報：

一者，得下劣眷屬；

二者，感親族分離。

龍王，遠離惡口，即得成就八種『清淨口業』。何等為八？

一，言不乖度。

二，言皆利益。
三，言必契理。
四，言詞美妙。
五，言可承領。
六，言則信用。
七，言無可譏。
八，言盡愛樂。是為八。
若能迴向阿耨多羅三藐三菩提者，後成佛時，具足如來梵音聲相。
若復惡口，墮三惡道。後生人間，以餘業故，得二種報：
一者，言多鬥諍；
二者，人聞不重。
龍王，遠離綺語，即得成就『三種決定』。何等為三？
一，定為智人所愛。
二，定能以智如實答問。
三，定於人天威德最勝，無有虛妄。是為三。
若能迴向阿耨多羅三藐三菩提者，後成佛時，即得一切如來諸所授記，皆不唐捐。

若復綺語，墮三惡道。後生人間，以餘業故，得二種報：

一者，言不真正；

二者，所言無定。

修治意業品第五

龍王，遠離貪欲，即得成就『五種自在』，勝願圓滿。何等為五？

一，三業自在，諸根具足故，富貴圓滿。

二，財物自在，一切怨賊不能奪故，福德圓滿。

三，福德自在，隨心所欲物皆備故，功德圓滿。

四，王位自在，珍奇妙物皆奉獻故，皆得圓滿。

五，所獲之物過本所求，百倍殊勝，由於昔時不慳嫉故，一切如願圓滿。是為五。

若能迴向阿耨多羅三藐三菩提者，後成佛時，三界特尊，皆共敬養。

若復貪欲，墮三惡道。後生人間，以餘業故，得二種報：

一者，不能利益他人；

二者，常被他人侵害。

龍王，遠離瞋恚，即得成就八種『喜悅心法』。何等為八？

一，無損惱心，得貪心消除。

二，無瞋恚心，得殺心不生。

三，無諍訟心，得嫉妒心不生。

四，柔和質直心，得樂生聖族。

五，得聖者慈心。

六，常作利益，安眾生心。

七，身相端嚴，眾共尊敬。

八，以和忍故，速生梵世。是為八。

若能迴向阿耨多羅三藐三菩提者，心不退轉；後成佛時，得無礙心，觀者無厭。

若復瞋恚，墮三惡道。後生人間，以餘業故，得二種報：

一者，心常不喜；

二者，多不稱意。

龍王，遠離邪見，即得成就『十功德法』。何等為十？

一，得真善意樂、真善等侶。

二，深信因果，寧殞身命終不作惡。

三，唯歸依佛非餘天等，不久獲得賢聖之位。

四，直心正見，永離一切吉凶疑網，得不迷善法。

五，常生人天，不更惡道。

六，無量福慧轉轉增勝。

七，永離邪道，行於聖道。

八，不起身見，捨諸惡業。

九，住無礙見，得見一切罪性皆空。

十，不墮諸難，得人天正行。是為十。

若能迴向阿耨多羅三藐三菩提者，速證一切佛法；後成佛時，具足自在神通。

若復邪見，墮三惡道。後生人間，以餘業故，得二種報：

一者，邪見；

二者，懈怠。

龍王，若有行於如是十不善法，決定獲得如是果報。復更別得，無量無邊諸大苦蘊。」

布施莊嚴品第六

爾時，世尊復告龍王言：「若有菩薩遠離殺害，修菩薩道，以布施莊嚴故：常富財寶無能侵奪；長壽無夭，不為一切怨賊損害。

離不與取以施莊嚴故：常富財寶無能侵奪；證得深智最勝無比；悉能備集諸佛法藏。

離非梵行以施莊嚴故：常富財寶無能侵奪；得善眷屬，其家直順；母及妻子，無有能以欲心視者。

離虛誑語以施莊嚴故：常富財寶無能侵奪；離眾毀謗，攝持正法；如其誓願，所作必果。

離離間語以施莊嚴故：常富財寶無能侵奪；眷屬和睦，同一志樂，恒無乖諍。

離粗惡語以施莊嚴故：常富財寶無能侵奪；於諸眾中，無有其過；一切眾會，歡喜歸依；言皆信受，無違拒者。

離無義語以施莊嚴故：常富財寶無能侵奪；言不虛設，人皆敬受；能善方便，斷諸疑惑。

離貪求心以施莊嚴故：常富財寶無能侵奪；一切所有悉以慧捨；得於仇怨心無所起；信解堅固具大威力。

離忿怒心以施莊嚴故：常富財寶無能侵奪；速自成就無礙心智；諸根嚴好，見皆敬愛。

離邪倒心以施莊嚴故：常富財寶無能侵奪；恒生正見敬信之家；見佛聞法供養眾僧；常不忘失大菩提心。

是為大士行十善行，修菩薩道，以施莊嚴，果報圓滿，所獲大利如是！

修道莊嚴品第七

龍王，大士行十善行，修菩薩道，舉要言之，若以戒莊嚴故，果報圓滿，能生一切佛法義利，滿足大願。

忍辱莊嚴故，得佛圓音，具眾相好。

精進莊嚴故，能破魔怨，入佛法藏，復以佛法救拔魔怨。

定莊嚴故，慚愧輕安，能生念慧。

慧莊嚴故，能斷一切分別邪見。

慈莊嚴故，於諸眾生不起惱害；能令眾生降伏煩惱。

悲莊嚴故，愍諸眾生常不厭捨。

喜莊嚴故，見修善者心無嫌嫉；當得一心無有散亂。

捨莊嚴故，於順違境無愛恚心；微細煩惱皆悉除滅。

四攝莊嚴故，一切眾生隨順化導。

念處莊嚴故，於身、受、心、法善能解了。

正勤莊嚴故，悉能斷除一切不善法，成一切善法。

神足莊嚴故，恒令身心輕安快樂。

五根莊嚴故，深信堅固；精勤匪懈；常無迷忘；寂然調順；了諸業因，斷諸煩惱。

五力莊嚴故，眾怨盡滅，無能壞者；不愚不癡，永斷過失。

覺支莊嚴故，如實覺悟一切諸法。

正道莊嚴故，得正智慧常現在前。

止莊嚴故，悉能滌除一切結使，斷諸煩惱。

觀莊嚴故，能如實知諸法自性。

方便莊嚴故，速得成滿為、無為樂。

龍王，當知此十善業道，乃至能令十力、無畏、十八不共，一切佛法，皆得圓滿。是故汝等應勤修學。

龍王，譬如一切城邑聚落，皆依大地而得安住；一切藥草、卉木、叢林，亦皆依地而得生長。此十善業道，亦復如是：一切人天依之而立；一切聲聞、獨覺菩提，諸菩薩行，一切佛法，咸共依此十善大地，為根本安住，而得長養成就。」

佛說此經已，娑竭羅龍王並在會諸菩薩摩訶薩，一切聲聞及天人、阿修羅、乾闥婆等，一切大眾，聞佛所說，歡喜奉行。

白話講解《新輯十善業道經》及法要

殊妙色相品第一

《經文》如是我聞①：一時佛在娑竭羅龍王宮②，與八千大比丘③、三萬二千菩薩摩訶薩④俱。復有百千俱胝⑤那由他⑥梵王⑦、帝釋⑧及護世⑨：天、龍、夜叉⑩、乾闥婆⑪、阿修羅⑫、迦樓羅⑬、緊那羅⑭、摩睺羅伽⑮等，亦來集會法要一。

【白話講解】我就是這麼聽說的：有一次佛陀在龍王娑竭羅的宮殿中說法開示，一同前去的有八千位已證諸賢果位的大比丘、以及三萬二千位大覺有情之士。另外還有數不清的大梵天王、忉利天王和天龍八部中的領袖們，也都一塊兒來參加這個法會。

①如是我聞：大乘經典多半都是以「如是我聞」作為開頭，是集結經典者表示，所集結的該部經典和佛本來所說可能會有出入，本身不等同佛所說，而是「我聽佛如是說」，萬一出了錯，或者有差距和疏漏，願意負責。

②娑竭羅龍王宮：即大海中娑竭羅龍王（梵文 SAGARA NAGARAJA）的宮殿，是佛陀開示本經的地點。

③大比丘：跟隨佛陀修習聲聞乘的弟子，若依次第修習三十七道品，修完四念處、四正斷行和四定斷行神足，就可以體現神通力。「神足」的意思，就是「具有神通力的腳」。因為大海龍宮不是一般人能去的地方，必須要發展出神通力的大比丘才能夠去。一般小比丘眾，無此神通力，就去不了。

④菩薩摩訶薩：梵文是 Bodhi-Sattva，Maha- Sattva。Maha（摩訶）是大；Bodhi（菩提）是覺；Sattva（薩埵）是有情、眾生；Bodhi-Sattva 是覺悟的有情，即菩提薩埵，簡稱菩薩。Bodhi-Sattva，Maha-Sattva 是覺悟的大有情，即菩薩摩訶薩，又稱為大菩薩。

⑤俱胝：梵文 Koti，是億的意思。

⑥那由他：梵文 Nayuta，是兆的意思。

⑦梵王：梵名 Brahma，指大梵天王，由八地菩薩兼領。

⑧帝釋：Sovereign Sakra 或稱 Lord of Trayastrimsas，即忉利天王，由三地菩薩兼領。

⑨護世：此處是指天（梵名 deva）、龍（梵名 naga）、夜叉、乾闥婆、阿修羅、迦樓羅、緊那羅、摩睺羅伽等天龍八部的領袖，由初地或二地菩薩兼領。

一般的天龍八部是不護世的，如小鬼們只管修理惡人。而鬼王們，如主命鬼王、主財鬼王、主疾鬼王等，看到人作一點善事，就會前來利益、護念；但一作惡，他們的部下就會加諸傷害，直到人們知道怖畏，能夠止惡行善為止，故名「護世」。

⑩夜叉：梵名yaksa，是一種疾行鬼。

⑪乾闥婆：梵名gandharva，是一種幻化鬼。大概是「鬼打牆」中的那種鬼。

⑫阿修羅：梵名asura，是一種好鬥的鬼。大身，故有極大的威力；又是幻化身，所以我們見不著。經常攻打忉利天，和帝釋天王率領的天眾爭戰，但打敗了就化身而退。儘管屢戰屢敗，仍好鬥成性。

⑬迦樓羅：梵名garuda，是金翅大鵬鳥。在印度教中，傳說它專吃大海中的老龍、病龍。

⑭緊那羅：梵名kimnara，是聞香起舞、奏樂乞食的一種鬼。

⑮摩睺羅伽：梵名mahoraga，是大蟒蛇精。

法要一：娑竭羅龍王宮法會

這次法會，佛陀開講的主要內容有二：一，什麼是「十善法戒」？二，怎樣才能遠離十惡，建立十善大地，行於「十善業道」上？

出席的大比丘們，都已證得阿羅漢果；大菩薩們，都是六地或六地以上的菩薩；還有數不清的大梵天王、忉利天王和天龍八部的領袖，都已分別入八地、三地、二地菩薩位，至少也已入初地菩薩位。

所以，這些會眾們，早已信受奉持十善法戒，並已發菩提心，行於十善業道上。基本上來講，他們都不需要聽這些法。那麼，佛陀為什麼還要為他們說《十善業道經》呢？

事實上，佛陀是交待這些菩薩、阿羅漢等，要廣為宣說十善法戒，以十善法戒來救拔處於末法時期的我們。因為末法時期唯有十善法戒，能為一切眾生開啟救贖之門。

所以佛陀再為會眾們闡述此法，以備他們能對眾生講清楚其中的因、緣、果、報，更具體地幫助眾生依智慧來受持十善法戒。

開始持十善法戒時，是比較粗糙的持法，但要愈持愈深刻、愈精細微妙，最主要是要遠離十惡，建立十善大地，行於十善業道上後，仍繼續以智慧來受持十善法戒，如是一直持到底，就能圓滿成就一切佛法。

《華嚴經．十地品》二地離垢地上說：「十善業道，是人天乃至有頂處受生因。又此上品，十善業道，以智慧修習，心狹劣故，怖三界故，闕大悲故，從他聞聲而解了故，成聲聞乘。又此上品，十善業道，修治清淨，不從他教自覺悟故，大悲方便不具足故，悟解甚深因緣法故，成獨覺乘。又此上品，十善業道，修治清淨，心廣無量故，具足悲愍故，方便所攝故，發生大願故，不捨眾生故，希求諸佛大智故，淨治菩薩諸地故，淨修一切諸度故，成菩薩廣大行。又此上上，十善業道，一切種清淨故，乃至證十力、四無畏故，一切佛法，皆得成就。」講的是行於十善業道上的整個過程。

故知「十善業道」，其道甚大，從人道，直通天道，乃至聲聞道、獨覺道、菩薩道，一直到達究竟成佛。

概括說來，在整個過程中，不外就是清淨身、口、意三業，使身業無失、口業無失、意業無失；身業隨智慧行、口業隨智慧行、意業隨智慧行，終究能離苦得樂。

以是因緣，佛陀開講《十善業道經》。

《經文》爾時世尊告龍王言：「一切眾生心想異故法要二**，造業亦異**法要三**。種種造業皆從妄起**法要四**。若彼不了種種心法，當感種種果報；當生種種之趣，由是故有諸趣輪轉**⑯法要五。

【白話講解】這時，世尊告訴龍王說：「全部有情之類，由於他們各自『心想』不同，其所造作的事業，也就各各不一樣。不論去造作什麼樣的事業，都從那虛妄不實的『心想』開始。如果這些有情們，不能徹底認識這種種不同的心路歷程，就會要召感到種種不同的結果和報應；並且在命終之後，轉世往生到種種不同業道中去。這就是為什麼會有『六道輪迴』的道理。」

⑯諸趣輪轉：即指在天道、人道、阿修羅道、餓鬼道、畜生道、地獄道等六道輪迴。天道、人道、阿修羅道，統稱上三趣；餓鬼道、畜生道、地獄道，統稱下三趣、三惡趣、三惡道或三塗。

法要二：何謂心想

「心想」是什麼？

我們會認為「心想」就是正在思念什麼、正在推什麼理或作什麼推理、正在起什麼聯想、正在自問自答、或提出疑問等等。

但佛陀所說的「心想」，則大異其趣。指的是我們的心最原始的作用——「虛妄分別」。

我們的心，把一個不存在的「0」，依對立二分的思惟方式，分別成正一（+1）和負一（-1），再把正一和負一變成兩個對立的存在。然後去作選擇，並決定攀緣哪一邊、排斥哪一邊。於是繼續把正一，又分別出正二；把負一，又分別出負二，這樣正負兩邊不斷地增上，分別出正負三、四、五、六、七、八、九、十……乃至無量分別到無限大、無限小，於是出現了「萬有」。

其實，正負兩邊隨時合起來，都等於「0」；但是，我們已迷失在「萬有」中，看不到「有」本來是「0」，本來是虛妄不實的，本來是「空」。

我們心的運作，就是像這樣不斷地分別、攀緣、排斥、增上，通常還不止是一到二到三到……的增上，而是倍數乃至級數的增上；然後再分別、再增長；在不斷分別、增長的過程中，不斷地出現攀緣、排斥。

這整個從虛妄（即「0」）到出現「萬有」的過程，就叫做「心想」和「造業」。

我們內心世界這樣微妙的運作，唯有佛陀能悉知悉見，我們自己是見不到的。但見不到，並不表示我們的心就停止運作，仍然是在不停地、盲目地進行著分別、攀緣、排斥、增上的過程。所以佛陀說，一切眾生的「心想」和「造業」，都叫「無明行」。

法要三：業

什麼是「業」？

就是業績、事業、家業、商業、學業、功業、罪業、善業、惡業，都是

「業」。

又好比是我們在沙漠中行走，一路留下來的腳印。一步步的腳印把我們引進不同的境界。譬如一個方向是朝向沙漠更深處；另一個方向卻通往綠洲；也許第三個方向，能走出沙漠。

這些「腳印」，佛教用一個字概括，就叫「業」；用四個字概括，就叫「因、緣、果、報」。

這麼說來，每個人只要看清楚一路行來留下的腳印，就好辦了？就知道如何不再往沙漠深處走？如何找到綠洲？又如何走出沙漠了嗎？

理論上來說：「是」，但事實並非如此。為什麼？

佛陀在《大般涅槃經》中，打了一個「空中鳥跡」的比喻。飛鳥在空中飛過去，必須要以一定的速度、方向和高度，通過空中路線上的每一點，才能到達現在這一點，不然絕對到不了。但是飛鳥卻很難認出、也難看懂：自己從過去哪一點飛來的？如何飛來的？

我們和飛鳥一樣，百劫千生在「無明行」中盲目地摸索行進，早已無法認出來、看清楚這一路行來所留下的腳印，所造下的業。所以，我們也和飛鳥一樣，都「不見來時路，不知今時住，不識去時處」。

如果我們「不見來時路，不知今時住，不識去時處」，又如何能夠避免走入沙漠更深處？如何能找到綠洲？如何能走出沙漠入於安隱？

這就是佛教對業的觀點。

法要四：種種造業皆從妄起

造業的「因」是什麼呢？

經云：「種種造業皆從妄起」。「因」就是妄；也就是說，當我們的心，虛妄分別造作時，就開始造業。

接著就要去攀「緣」，去聚集更多的條件，然後按照一定的軌跡，一直發展下去，這時，必然會出現「果」。

這個「果」，既然是我們自己以「因」（心）聚「緣」（條件）召集來的，就必須要去感受它。如何感受它？苦受或樂受？善受或惡受？這就叫「報」。

如是造作、召集，就必然如是感受，就必然到達如是的境界，再繼續去造作、召集……這就是造業的因、緣、果、報的發展和軌律。

法要五：心法與六道輪迴

「心法」，講的就是我們的心依因、緣、果、報的軌律發展和發展的歷程，又可叫做「心路歷程」。

我們於「無明行」中，不能見到自己的「心路歷程」，茫然無知自己是如何地種了因、攀了緣；如何地得了果、受了報。

因此總覺得自己怎麼會來到此處？怎麼會掉到這個境界？都覺得冤枉，都說不是我自由意志要來的，是不得已被推過來的。

就像嬰兒呱呱墮地時，不見來時路，不知上輩子是在什麼樣的因果底下，變成這樣逼迫的中陰身急著來投胎。

又像老人頭髮白了，鬍子白了，也不知是如何白的，還覺得白得突然。殊不知，是我們造了「生」業，就必然一步步地邁向老、病、死的境界。

對這些心路歷程，我們全都不知、不見、不覺，只覺得是被無明的黑手，將我們推到一個又一個境界。

所以，我們如果不能明了自己的心路歷程，不能「見來時路，知今時住，識去時處」的話，就無法主宰自己的心，只有任憑我們的虛妄心沿著一定的軌跡發展，去召集各種條件，條件成熟了就必須去感受一定的果報；進入什麼樣的境界；形成什麼樣的「主觀世界」和「客觀世界」。

譬如，造了十惡的業，果報就是以地獄身受生地獄。地獄身，就是他的主觀世界；地獄裡的刀山、油鍋、夜叉、羅剎、鐵牛、鐵狗、鐵驢、鐵馬、鐵鷹、鐵床、銅柱……就是他的客觀世界。

又譬如說，以畜生身來受生，若受生為蒼蠅，蒼蠅身就是牠的主觀世界；牠生長的糞坑，以及圍繞著牠整個臭穢的生態，就是牠的客觀世界。

故知，我們所以沉淪生死苦海，所以不能出離六道輪迴，正是因為「不了種種心法」，正是因為「不見來時路，不知今時住，不識去時處」。

《金剛經》上說：「所有眾生，若干種心，如來悉知。」佛陀的智慧、慈悲和方便，就是為一切眾生正確、全面地揭示因、緣、果、報，讓一切眾生都能正確、全面地認識到自己的心路歷程，並發起慚愧懺悔，見業消業。如是，讓一切眾生，都能「見來時路，知今時住，識去時處」，都能出離百劫千生的「無明行」，不再受「諸趣輪轉」之苦。

《經文》龍王，汝見此會及大海中，形色種類，各別不耶？而彼一切色相，靡不由心，造善、不善身業、語業、意業所致法要六。而心無相，不可見取。種種變化雖呈色相，皆由幻化法要七。

【白話講解】龍王，你來看看這次集會中、還有你龍宮所處的大海中這麼多的有情，他們的形貌、色相、種屬、類別有多少差別呀？這所有不同的形貌色相，沒有不是因為他們以不同的『心想』，去造作那善的身、口、意三業，或是不善的身、口、意三業所導致的。而那個『心』，本是無形無色、無聲無嗅的，根本捉摸不到。因此種種不同的心路歷程行到最後，雖然都會呈現出有色有相的人、事、物來，但卻都是幻生幻滅的。

法要六：善與惡

這一輩子，我們受生的主觀世界和客觀世界，是我們上一輩子所造的身、口、意三業召感來的果。

因此如何去認領、感受、答報這個果，也就是說如何和果相互動，決定了我們現在身、口、意三業的造作是善？或惡？也因此決定了我們下輩子將往哪裡受生，將召集來什麼樣的主觀世界和客觀世界。這就是因、緣、果、報（業力）相似相續不斷生的道理。

於是「善」與「惡」成了很重要的樞紐。

如果我們和果相惡性互動的話，造作的就是惡的身、口、意業，再召感來的亦是惡的主觀世界和客觀世界，如是將墮於三惡趣——餓鬼道、畜生道、地獄道。如果我們當下和它起良性互動的話，造作的是善的身、口、意業，再召感來的即是善的主觀世界和客觀世界，如是將受生人、天善趣。

這就是佛陀為什麼要我們持十善法戒、不要我們造惡的道理。也是佛陀對我們慈悲的救拔。

法要七：皆由幻化

心本無形無相，無聲無嗅，不可觸摸，但它要動、要起作用。心發動起來，就開始虛妄分別，造作意業，分別出種種的因緣果報法；再依不同的法，去造身、口兩業，就呈現了主觀世界（我的身心）和客觀世界（我身以外的一切人事物）的色相。

因此我們所見到「非常真實存在」的色世界，其實是我們的虛妄分別心通過因、緣、果、報所幻化出來的世界。就像是魔術師，通過一定的法術，幻化出一定的色相。

既然是幻生，當然要幻滅。由幻生到幻滅，不斷經過生、住、異、滅；成、住、壞、空；生、老、病、死的變化過程。

所以對己身他身、己心他心，乃至對日、月、星、辰、山、川、大地、草、木、花、鳥、居室、衣服、物品等等，都不能執著，因為它們不是我們想像中那麼穩固的東西，都一直在不停地變化，都無有定相，皆是幻生幻滅相。

《經文》但是虛妄，諸法集起，無有主宰法要八**。畢竟無我，亦無我所**法要九**。雖各隨業所現不同，而實於中無有作者**法要十**。故一切法皆不思議⑰，自性如幻！**

【白話講解】都只是從這虛妄的『心想』開始，一切不同的發生、運作、存在、消失都示現了，哪有造物之主啊！連那個『我』和『我所』如何如何，這兩件事，說到底也根本不存在。雖然由於所造作的事業不同，其所呈現的色相也不同，但在整個過程中，並沒有真實的造作者。因此一切的發生、運作、存在、消失，都不能以人的有限標準去計度和推理，任何人、事、物的本來性質，都等同幻生幻滅而已！

⑰不思議：梵文a-cintya，又稱作不可思議、難思議，是古印度的計量單位之一。另外，它還有超過了一切的算數譬喻所能計量和形容的意思，意即《金剛經》中所說的「乃至算數譬喻所不能及」。

法要八：但是虛妄，諸法集起——十二因緣法

什麼是「虛妄」？

「虛」者，虛假不實；「妄」者，妄知、妄見、妄覺。指邪迷顛倒的意思。佛教認為萬法盡空，一切諸法本無所生，而是由顛倒邪迷、虛妄分別的心，去造作、召集而生起的。故經云：「但是虛妄，諸法集起」。

「虛妄心」如何集起諸法呢？

就是經過「無明——行——識——名色——六入（六處）——觸——受——愛——取——有——生——死」十二個環節，來召集一切萬法。這十二個環節，總結了一切眾生心行的因、緣、果、報，以及如何由無明生、至老死終的心路歷程，故叫「十二因緣法」，又叫「緣起法」，又叫「業力法」，又叫「生滅法」。

「無明」，是「虛妄心」所召集的第一個顛倒邪迷、虛假不實的法。因背離了真常、真樂、真我、真淨的佛性（第一義空），於無常、無樂、無我、無淨中去橫計常、樂、我、淨。這時被調發出的心意識種子（一切造作的因），已染上業力的黑暗性質（無明）。

「無明」一定要「行」——造作，故「行」是「虛妄心」所集的第二法。「識」，是第三法。因為「無明行」，就決定了是造作善或惡的身、口、意三業。

「心意識種子」又被虛妄分別為「名」和「色」。「名」如根，在內，蘊藏受、想、行、識；「色」如芽，在外，蘊藏色。色、受、想、行、識，名為「五蘊」。

「五蘊」造作，由「識」一分為眼、耳、鼻、舌、身、意六識，迫不及待地要去召集、感受、領納（受）「色」，領納、感受之後，再回到「識」做了別，決定繼續攀緣或排斥（「行」），於是再去分別取相（「想」），去召集「色」，如是召集來內色諸法：眼、耳、鼻、舌、身、意「六根」，以及外色諸法：色、聲、香、味、觸、法「六塵」。即是「六處」的形成。

「六識」、「六根」、「六塵」和合，形成「十八界」，謂之「觸」。

「十八界」互動，是「受」——感受、領納，出現有形有相的主觀世界（我）和客觀世界（我所）。以善業造作，召集來的即是善的主觀世界和客觀世界；以惡業造作，召集來的即是惡的主觀世界和客觀世界。

「愛」，是對所召集來的「十八界」受無饜足。

受無饜足之後，仍愛憎取捨不斷，執著貪愛，故名為「取」。「取」於有生之處，即受生在二十五有（指的是一切有情，在生死輪轉中，依其業力或覺悟的高低去受生的地方，共分二十五處，上至非想非非想天，下至人道、餓鬼道、畜生道、乃至無間地獄）中的某一「有」。

「二十五有」，即是六道輪迴、三界火宅、生死苦海，是生、老、病、死、愛別離、怨憎會、求不得、逼迫熱惱八苦的總體現。

所以，生死苦海、三界火宅、六道輪迴中的一切眾生從何而來？從「有」來。「有」從何而來？從執「取」來。「取」從何而來？從「愛」來。「愛」從何而來？從「受」來。「受」從何而來？從「觸」來。「觸」從何而來？從「六處」來。「六處」從何而來？從「名色」來。「名色」從何而來？從「識」來。「識」從何而來？從「行」來。「行」從何而來？從「無明」來。「無明」，由「虛妄心」召集而來。

故知，這一切諸法的集起，若說有主，是以「虛妄」做主。但是「虛妄」能夠做主嗎？「虛妄」本身都是不存在的。所以又說「無有主宰」。

因此由不真實的「虛妄」所召集來的一切諸法——五蘊、六處、十八界、二十五有、三界火宅、六道輪迴、生死苦海、一切眾生，又是真實的嗎？

若論真實，這一切的存在、一切的萬有，都無有真，只是由虛妄心造作出不同的善、惡身、口、意業，沿著不同的心路歷程的軌跡，所呈現出不同的主觀世界和客觀世界罷了。而這一切的心路歷程和種種的變化，都沒有恆常固定不變的自性，只是幻生幻滅中間的過程而已。這就是佛教講的「空」義。

法要九：畢竟無我，亦無我所

人心一發動，就開始分別「我」及「我所」。

「我」是能知、見、覺、接觸、攀緣、欲樂、增益、排斥、憎惡、減損……等等的主體，就是主觀世界。

「我所」是被我所知、見、覺、接觸、攀緣、欲樂、增益、排斥、憎惡、減損……等等的客體，就是客觀世界。

一切眾生心的「心想」，就是用此一分為二的辨法，虛妄地分出「我」及

「我所」。（見本品法要二「何謂心想」）

如來的法身，本無有「我」，亦無「我所」，「我」及「我所」二者合一。而人心經過「十二因緣法」的虛妄分別之後，卻錯誤地以自己的肉身為界，劃分出肉身以內和肉身以外兩個世界。肉身以內的叫做「我」；肉身以外的叫做「我所」。

「心想」的作用，就是「我」及「我所」的互動。這互動，就出現了五蘊、六處、十八界和一切色相。

但在佛陀眼中，這些色相都是虛妄分別出來的。若不去分別的話，則一切色相都不能呈相。故云：「畢竟無我，亦無我所」。

法要十：而實於中無有作者——四法印

既然說「雖各隨業所現不同」，那麼「我造業，我受報」，因果報應分毫不爽。怎麼又說「而實於中無有作者」？沒有我的話，誰來造業呢？誰來受報？

佛法最初步、最基本的法門，就是「四法印」：「無常、苦、空、無我」。如果不把「四法印」的根基打穩，這時就會迷失掉。

什麼無常？苦與樂的無常。苦與樂是果報的無常。為什麼果報會無常呢？因為果因相似相續生故。

「相似相續生」，就是不斷地「各隨業所現不同」，也就是在不斷地變化中。變化就是「無常」。

每次變化，就把原先的形式給毀滅了。毀滅，就造成傷毀相。有傷毀，則有苦。所以說以「無常故苦」。

既然果因相似相續不斷，都是虛妄心的造作，如經中說：「但是虛妄，諸法集起。」那麼，「傷毀」是「無常」在自我傷毀、自我否定，因此傷毀和傷毀所帶來的苦也都「無常」──「站不住」，都是如夢幻泡影，如露如電，並不真實存在。所以說以「苦故空」。

那麼誰是那個作者呢？

作者就是我。

我又是誰呢？

我是造作者，我造業：我造善業，成了樂人、善人。我造惡業，成了苦人、惡人。怎麼同樣一個人，既是樂人、又是苦人呢？怎麼同樣一個人，可以是善人，也可以是惡人呢？

在「空」義底下，才知道連這個作者、這個我，都是沒有自性（固定的性質）的。沒有自性，叫「無我」。所以說以「空故無我」。

原來「雖各隨業所現不同，而實於中無有作者」的全部內容，就是在講「無常故苦、苦故空、空故無我」（見《大般涅槃經》），也就是「四法印」因果關係的內容。

《經文》龍王，菩薩⑱知一切法本無生滅，若論究竟，無色無相法要十一。如實知已法要十二，一切所修⑲所作⑳，堅持善業㉑，以是所生，蘊、處、界等，皆悉端正，見者無厭，而不修作蘊、處、界㉒等種種色相法要十三。一切生法，悉知是妄。彼若如實得是見已，當復觀察，殊妙色相法要十四。

【白話講解】龍王，覺悟的有情眾生會認識到：一切的發生和消滅，其實並沒有真正地發生，也沒有真正地存在過，因此也無所謂『消滅』。說到底，所見的色相，也只是不真實的幻化，並不是真實的存在。得到這個真實的認知以後，一切所修治、所造作的，全都要是堅定而持續的善良事業。而由堅持善業之下所產生的『五蘊』、『六處』、『十八界』及一切色相，都保證會端嚴莊正，讓人看不足、看不厭。因此，不再費事去修治、造作那『五蘊』、『六處』、『十八界』的各種形貌色相。對所有生、滅的現相，都知道只是虛妄幻化而已。假如他能得到這樣的真實認知，就應當回頭來認識了解殊勝美妙的形貌色相。

當「五蘊」中的「色」一分為二，分成內色和外色。再進一步的將外色一分為六，分成色、聲、香、味、觸、法「六塵」；內色一分為六，分成眼、耳、鼻、舌、身、意「六根」。一個心意識也分裂成眼識、耳識、鼻識、舌識、身識、意識「六識」。

「六識」通過「六根」，召感外面的「六塵」，就產生「十八界」的互動，也就產生了我的「主觀世界」和「客觀世界」。

⑱菩薩：此處是專指發了大乘願和無上菩提心，依「如來正教」（四法印、十二因緣法、四聖諦、三十七道品）和「如來方便」（十波羅蜜多——布施波羅蜜多、持戒波羅蜜多、忍辱波羅蜜多、精進波羅蜜多、禪定波羅蜜多、般若波羅蜜多、方便波羅蜜多、願波羅蜜多、力波羅蜜多、淨智波羅蜜多）次第修行的善男子、善女人。

⑲修：就是不斷地改正，不斷地清淨，不斷地莊嚴。

⑳作：即是身、口、意三業的造作。

㉑善業：無傷毀而有惠利的事業。相對而言，惡業，即是有傷毀而無惠利的事業。

㉒蘊、處、界：佛陀說我們的主觀世界和客觀世界加在一起，只是「五蘊」——色、受、想、

行、識互動的結果。色、受、想、行、識的造作，因其「陰而不顯，蘊而不現」，難以察覺，故稱之為「五蘊」。

法要十一：若論究竟，無色無相

從我們的肉眼來看，「色相」是實有的，所以形成了「障礙」，譬如面對一板牆，就過不去；踩到地面，就下不去；頂到了天花板，也再上不去。

但從佛眼來看，「色相」本是無障無礙，只因我們的心顛倒，錯認它有實質，因而有障有礙。若能見到它本無實質，則無有障礙。

物理學家也告訴我們，物質是由一堆高速運動著的，沒有重量、質量、體積，不佔位置的微粒子所組成。所以，一切色相應該是無障無礙的。

那麼，是什麼形成了「障礙」？

只因我們執著於自己的眼、耳、鼻、舌、身、意六根，以為是唯一真實可信的工具，通過它們的造作，創造出主觀和客觀世界的色相，然後，再以眼、耳、鼻、舌、身、意去領納、感受，於是六根限制並扭曲了我們正知、正見、正覺的能力，成了我們的牢籠，成了捆綁住我們的大鐵鍊，使內外、人我、心物不通，

「障礙」於此產生。

既然「障礙」，是由眼、耳、鼻、舌、身、意的造作所形成的，那麼所謂的「障礙」，是沒有定數的，是以不同的眼、耳、鼻、舌、身、意來決定不同的「障礙」。對某些有情的「障礙」，對其他有情則不是「障礙」。

舉個例子來說，如果我們想觀察螞蟻的世界，就有了「障礙」，因為我們進不了螞蟻窩。可是，我們走在路上，踫到一塊石頭，我們一抬腳就邁過去了，但對螞蟻來說，就有了「障礙」，因為這塊石頭就像座大山，得慢慢爬過去、或繞過去。

所以一切有情，以不同的六根來召感，即感受不同的「障礙」；也就是說，不同的有情，以不同的善、惡身、口、意業造作，即召感來不同的主觀世界和客觀世界。

但是，儘管召感不同，所呈現種種色相不同，卻都是由虛妄心去虛妄造作出來的。

而虛妄心又是什麼呢？本是虛妄，故不可取；既不可取，就是沒「有」；沒「有」，就是空。由空所幻化造作出來的色相，又有什麼不可變異的自性呢？又能造成什麼「障礙」呢？

所以，一切色相「若論究竟，無色無相」，只要我們不再執著於自己的六根，就能打破六根的局限性，擴大心量，突破障礙，見到我們一向見不到的世界，進入我們一向不知、不見、不覺的境界。

法要十二：如實知已

如，是平等；實，是真實。如實知已，就是說所知、所見、所覺，與真實平等，等於真實的時候。

何謂真實？

即指諸法實相。

實相，即是空相。即是佛在涅槃中以及一切菩薩在三昧中，不見一切法的生滅，唯見「空中無色，無受、想、行、識，無眼、耳、鼻、舌、身、意，無色、聲、香、味、觸、法，無眼界乃至無意識界，無無明亦無無明盡，乃至無老死亦無老死盡」（見《心經》）。

這樣的知見，就叫做「如實知見」。

得如實知見，就能了悟萬法盡空，知一切法本無生滅，而一切法的生滅，都不過是由無明始，至老死終，不斷地幻生幻滅。這時，對身、口、意三業的造作，就不再費事去「修作蘊、處、界等種種色相」，而樂意修作有惠利而無傷毀的善業。

法要十三：堅持修作善業

每個人都希望追求真、善、美，都害怕假、惡、醜，所以有人有了錢，就蓋大房子、買名車、享受美食、穿漂亮衣服、做小針美容、吃補藥、練身體等等，這些都是在「修作蘊、處、界等種種色相」。

然而修作蘊、處、界，不但不能解決根本的問題，最後還得造作十惡，得到假、惡、醜的果——八苦。

因為當我們一面修作蘊、處、界等色相，一面就要造作很多的惡業。譬如，補身體，就可能造殺生的惡業；練氣功，就要用慳貪心來修對臭皮囊的糾纏不捨等等。因此仍將繼續行在十惡業道上：不只舊的惡業不能消，更增新的惡業；不只舊的苦果嚐不完，更待新的苦果到來，終究是逃不過八苦的折磨、煎熬。

當然，並不是說生了病不要吃藥，或肆意地去毀壞自己的身體，只是說刻意地去修作它，而想得真、善、美的話，不但是「緣木求魚」，反而必得假、惡、醜的果。

以是因緣，佛陀不要我們去擔心修作蘊、處、界色相的問題，而是告訴我們：一切美好的蘊、處、界色相，都是由修行善業所聚福德而來；只要我們堅持好「十善法戒」，就能夠出離十惡業道，建立十善大地。在十善大地上，首先就保證遠離下三趣醜陋、惡劣的色相，同時，若依個人願力的增上，行在十善業道上，善業、福德必然也相對不斷地增上，一切的殊妙色相自然而來，並轉轉增勝——從人道殊妙的色相，到天道的，到菩薩的……直到十地菩薩、直到佛陀的三十二相、八十種好。

此乃本經的基本精神。

法要十四：如實得是見已——真空妙有

經說到這裡，佛陀為我們建立起一個理論架構——如何從「有」觀到「空」，再從「空」觀到「有」，也就是從「妙有」觀到「真空」，再從「真空」觀到「妙有」。反反復復說的，也就是「真空妙有」的諸法實相。

佛陀先帶我們從「一切眾生」（有）觀起，接著說：一切眾生「心想異故，造業亦異，種種造業皆從妄起」，觀到「妄」（空）。然後，再看一切眾生「若彼不了種種心法，當感種種果報，當生種種之趣」，如是觀一切眾生相（有）。

觀到眾生相，又要馬上回頭觀空，不要住於所見的相是實「有」，應知一切色相「但是虛妄，諸法集起，無有主宰」。如是知諸法空相，見諸法實相，這時，又回頭來要我們「當復觀察，殊妙色相」，也就是，要我們從「真空」觀到「妙有」。

觀察誰的殊妙色相（妙有）呢？

接下來的經文，佛陀帶我們從光明顯耀、殊勝美妙的如來身相觀起，再觀諸大菩薩、以及天龍八部具大威勢者的殊妙色相。並告訴我們：他們的殊妙色相，皆由遠離十惡業道，行上十善業道而來；皆由無量善業、福德而來。

所以，佛陀反反復復從「有」說到「空」，從「空」說到「有」，終極目的，就是要帶我們的心，出離十惡業道，行上十善業道，如是方能與真實相應，認識真實，等同真實，達於諸法實相——「第一義空」，回歸依止「真空妙有」。

我們也多少知道「空」、「有」的存在，也多少承認到最後都是「竹籃打水一場空」、「過眼雲煙」，這樣從「有」到「沒有」就是「空」。

但是我們雖說「空」，卻是斷滅空、黑暗空，心中充滿了懊惱悔恨和恐怖掛礙，而非「真空」；我們雖說「有」，卻是罪有、惡有、苦有，墮在罪惡苦的生死環中，而非「妙有」。

所以，佛陀慈悲為我們開示「十善業道」。如果我們發願自覺地信受奉持十善法戒，行上十善業道，就是百劫千生以來能認識自心的第一步，進而開啟覺性，搭起了從「不覺」到「覺」的橋樑。

若能自覺地行上十善業道，發起無上菩提心，就可出離一切惡的因、緣、果、報，不再被百劫千生的業力所操控，不再行於無明之中，而能不斷地調發自心的覺性，將斷滅空、黑暗空，轉成第一義空（真空）；將罪有、惡有、苦有，轉成殊勝妙有。終究回歸依止上「真空妙有」的諸佛境界。

我們學習此經，當念念不離這個架構，就能得到大惠利。

《經文》龍王，殊妙色相云何觀察？當觀如來身相[23]。汝觀佛身，從無量億福德所生，諸相莊嚴法要十五，光明顯耀，蔽[24]諸大眾。設無量億自在梵王，悉不復現。其有瞻仰如來身者，莫不目眩。

【白話講解】龍王，應當怎麼樣去認識了解，殊勝美妙的形貌色相呢？要去思惟觀察如來的身體色相才對。你且看看佛的身，是從算不清的福報功德所孕現出來的。各種美好的形貌色相，巧妙地聚合安排起來，光彩、明亮、突顯、閃耀，相較之下，一切其他有情都顯得神色暗淡，就算周圍有無數的自在天王和大梵天王，也放不出任何的光彩。只要有人瞻視仰望佛陀之身，就會眼花撩亂。

㉓如來身相：即是三十二相八十種好。

㉔蔽：映蔽、映奪的意思。太陽出來，就映蔽、映奪了所有星星乃至月亮的光；晚上明月當空時，就映蔽、映奪所有的星光。佛經裡常用「無可映蔽」或「無能映奪」來形容如來放出的無量光明，它讓一切眾生的光明都沒有辦法體現，即使是有無量億數不清的大梵天王放出的光，也悉不復現。

法要十五：何謂莊嚴

何謂「莊嚴」？

莊，就是裝扮、化妝，使無有雜染、無有缺陷。嚴，就是嚴密、嚴實、嚴肅、嚴格，使無有疏漏、無可侵害、無能散亂。

有兩種「莊嚴」的方法——

一種「莊嚴」，就是刻意去修作蘊、處、界及種種色相。譬如為了防止敵人入侵，軍隊就要用深壁高壘來莊嚴陣地，也可以用刀劍械杖各種武器來莊嚴陣地。家裡裝上警報系統、鐵窗鐵門，提防小偷，如是莊嚴其家。

我們常講「佛要金裝，人要衣裝」，就是要莊嚴佛身、人身。人們喜歡討漂亮媳婦、蓋大房子、買名車、穿名牌等，就是為了莊嚴蘊、處、界。再看看一個女人，可以不惜犧牲睡眠，提早兩個鐘頭起床，洗澡、洗頭、吹頭髮、做頭髮、化妝、穿衣服，單畫一張臉就花上一個鐘頭。這個女人在做什麼？就是在莊嚴她的色相。

但是我們活在一個無常的世界，心中充滿了貪、瞋、癡，這樣去「莊嚴」色相，經常得到的結果反而是：人家看我們或莊嚴或不莊嚴，我們看人家也或莊嚴或不莊嚴，終究莊嚴不起來。

那難道我們就不要求「莊嚴」了嗎？

不。讓我們來看看第二種莊嚴，那就是佛陀如何莊嚴其身。

佛陀以身業無失（無失，就是沒有過失）、口業無失、意業無失；身業隨智慧行、口業隨智慧行、意業隨智慧行，如是身、口、意三業清淨，三業俱善，而得無量福德，繼由無量福德，孕現出三十二相八十種好。

所以，佛陀不是去莊嚴「我及我所」，不是去莊嚴色相，不是去莊嚴蘊、處、界，而是去莊嚴身、口、意三業。以莊嚴身、口、意三業，故得一切相好，故得殊勝、神妙、美好莊嚴的主觀世界和客觀世界。

以是因緣，佛陀才要我們都和他一樣：「一切所修所作，堅持善業……而不修作蘊、處、界等種種色相」。並以身教示現：堅持修作身、口、意三業清淨，三業俱善，方得「諸相莊嚴，光明顯耀」，令一切眾生睹其相好，目不暫捨，是名真「莊嚴」。

《經文》龍王，汝今應知，云何嚴持，云何恭信，方得如是殊妙色相？要當修習心不散亂，專注觀想㉕，瞻仰如來最妙之身。實知此身，一切色相殊妙莊嚴，靡不由於修集善業，而聚福德法要十六。

【白話講解】龍王，你現在應該領會，要去如何地嚴肅奉持，如何地恭敬信受，才能夠得到這樣殊勝美妙的形貌色相？必須要好好地修學練習，使心不分散動亂。專心貫注地去思惟觀察，去瞻視仰望佛陀那最殊勝、最美妙的身體色相。要能正確無誤地認識到：任何身體上所呈現的任何殊勝美妙的端莊嚴飾，無一不是因為修作累積善良的事業，而聚合的福報功德。

㉕心不散亂，專注觀想：心不散亂是「止」，專注觀想是「觀」。止觀，梵文SAMATHA VIPASYANA，音譯「奢摩他毗婆舍那」。又稱「禪定」，簡稱「三昧」。

法要十六：觀佛法門

這裡，佛陀為我們開示了「觀佛法門」。這個法門又叫「般舟三昧」（PRATYUTPANNA SAMADHI），又叫「念佛三昧」，又叫「念佛法門」。這是佛陀親口開示的「念佛法門」，跟至今在漢地流行的「念佛法門」不太一樣。

這是在甚深禪定中，心不散亂，專注觀想：觀察如來三十二相八十種好從何而來？從無量福德而來。無量福德從何而來？從無量身、口、意三善業而來；再觀如是殊勝美妙的三十二相八十種好，應如何嚴格奉持、恭敬信受？說開來，就是信受奉持「十善法戒」，行於十善業道。

這樣，就可從觀「妙有」，觀回「真空」；也就是說，從觀佛陀的殊妙身相，進入佛陀的殊妙世界，見到佛身是無內無外，遍周法界，等同虛空，是真常、真樂、真我、真淨的清淨無餘究竟大涅槃。

但是，受身為末法時期南閻浮提罪苦眾生的我們，活在無常、無樂、無我、無淨中，若以自己的眼、耳、鼻、舌、身、意來觀，所能觀到的身，就是這個三十六種不淨穢臭之物合成的四大五蘊身。又因為客觀世界是主觀世界的投影，二者是一，不是二，因此我們所能觀到的世界，就是這個多災、多難、多病、多惱、多苦的世界。

如是，我們怎麼可能觀得到佛陀的三十二相八十種好？怎麼可能進入佛陀殊勝、神妙、美好的世界呢？

的確，「觀佛法門」是專為已樹立正信，發了無上菩提心的善男子、善女人而說的修行法門。對我們而言，是很艱難的法門。不過，不論我們是否觀察得到，都必須相信：如來是以無量善業，故得無量福德；以無量福德，故得無量莊嚴，故得無量殊勝、神妙、美好之身相，以及無量殊勝、神妙、美好之世界。

其實，若論真實，佛陀的三十二相八十種好，從來沒有消逝過，我們應該隨時都可以見得到。因為佛陀在《大般涅槃經》中告訴過我們：佛是不生不滅的，法也不生不滅，僧也不生不滅。為何我們今天不但見不到佛？甚至聽不到法？遇不到僧？

只是因為我們自心黑暗、邪惡、狹劣，我們福薄善淺、罪業深重；只是因為我們自己不要見佛，不要聽法，不要識僧。當然就見不到佛陀的殊勝、神妙和美好了。如果我們願意提升轉化這顆黑暗、邪惡、狹劣的心，如果我們願意消業除障，改變福薄善淺的情況，還有機會見佛嗎？

是的。

以是因緣，佛陀為我們開示「觀佛法門」：從信受奉持「十善法戒」修起，遠離十惡業道，行於十善業道，不斷地慚愧懺悔清淨身、口、意三業，如是方能以清淨的身、口、意三業歸依上佛的身、口、意三業，於禪定中見到佛的三十二相八十種好。

如是觀佛，方得「觀佛法門」真髓，並重新恢復佛陀在此段經文中所親口開示的「念佛法門」的真面目。

《經文》汝又觀此諸大菩薩，妙色嚴淨。一切皆由修集善業，所聚福德而生。又諸天、龍八部眾中，具大威勢者，亦因善業、福德所生。

【白話講解】你且再來看看這些大菩薩們，色相美妙、莊嚴清淨。這一切也都是由修作集合善良事業，所累積的福報功德而孕育成長的。還有，在天龍八部的眾生中，凡是有大威德、大勢力的，也都是因為造作善業、聚集福德而產生出來的。

《經文》乃至汝及彼等所住宮室，以及所處世界，其中一切殊妙莊嚴，皆由各自往昔善業、福德所生法要十七。福德之相即是妙相。

【白話講解】不只殊妙身相如此，就像你住的龍宮，和其他有大威勢的有情，他們的住處以及所經歷感受的客觀世界，這一切的殊勝美妙，端莊威嚴，都是由於各位有情，在以往的時間裡，所修作的善業以及所聚集的福德，而長養成就的。所以福報功德的色相，就是殊勝美妙的色相。

法要十七：客觀世界是主觀世界的投影

從普通常識來看，我們的內心主觀世界和外在客觀世界是兩碼子事。但佛教認為，客觀世界是主觀世界的投影；二者永遠是相應、相印、相符、相契的。這個道理，是很難理解的。

讓我們打個比方，試著來說明。

心中無非無惡的人，走進佛教寺宇和天主教的教堂，會被那種莊嚴肅穆、鮮花供養、香煙繚繞的氣氛所感動，覺得樂於親近，並對聖像肅然起敬。

但是心中邪惡、是非多的人，因為惡業力的促動，就會感到很不舒適，甚至會嫌惡寺宇、教堂。

如果是蒼蠅、蚊子，進到寺宇，就像被送進屠宰場一樣可怕，因為牠們受不了那裡燒香的味道，恐怕會被燻死，還是離得越遠越好。

所以，同一個地方，為什麼有人覺得甚可愛樂、親切、安全？有人覺得甚可厭惡、可怕、逃之唯恐不及？是完全依照我們內心的主觀世界，來決定我們處在什麼樣的客觀世界。

這個「內外一如」的道理，唯有佛陀的佛眼，和大菩薩的法眼、慧眼方能見到。我們的肉眼，是見不到的。

唯有通過受持十善法戒，自心常去取證「客觀世界是主觀世界的投影」，我們就容易相信：一切殊勝美好的色相，皆由善業、福德所生；一切醜陋恐怖的色相，皆由惡業、罪苦所生。

《經文》今大海中所有眾生，或大或小，形色粗鄙。皆由自心種種惡念，發起造作，成身語意諸不善業，彼一切身，皆由種種心之所化法要十八。是故隨業，各自受報法要十九。

【白話講解】現在看看你這大海裡面的一切眾生，不管個子大小，形貌色相多數都粗惡醜陋。這全都是因為牠們各自心中，發起了各種不同的邪惡念頭，作為原始動因，而去造作成就各種不同的身、語、意三種邪惡事業，不管每個有情得到什麼樣子的身相，全都是他以什麼樣的『心想』開始去造作身、口、意三業，才變化呈現出來的。因此，每個大海眾生，都一定會根據牠所造的不善事業的性質，而召感遭受各種粗惡醜陋的內外色相。

法要十八：十惡業道和十善業道

佛陀先帶我們觀完佛陀、諸大菩薩以及天龍八部具大威勢者的殊妙色相，在這段經文中，則帶我們觀察大海中形色粗鄙的眾生相由何而來——皆因起諸惡想，再去造作諸不善身、口、意業故；皆因未能遠離十惡業道故。

這裡，佛陀明白為一切眾生總結開示了十條邪惡道路以及十條善良道路——一，是「十惡業道」——殺生、偷盜、邪婬、妄語、兩舌、惡口、綺語、貪欲、瞋恚、邪見。搭上這十條道路上任何一班列車，都將直達地獄；如果中途跳車，就下到餓鬼道、畜生道。行在這十條道路上，自身醜陋、邪惡、恐怖，所見亦盡是種種醜陋、邪惡、恐怖的色相。

二，是「十善業道」——遠離殺生、遠離偷盜、遠離邪婬、遠離妄語、遠離兩舌、遠離惡口、遠離綺語、遠離貪欲、遠離瞋恚、遠離邪見。搭上這十條道路上任何一班列車，直達終點，即是見佛；若十班車都搭到終點站，即是成佛。如果中途跳車，就得受生人、天、阿羅漢、辟支佛和菩薩。行在這十條道路上，自身殊勝、美妙，所見亦盡是種種殊勝、美妙的色相。

法要十九：是故隨業各自受報——自造自受

每個眾生，都是業報身，都是「隨業，各自受報」。就以龍王和其他魚、蝦、黿、鱉之屬為例。同樣在大海中，他們的主觀世界和客觀世界卻大相徑庭。

龍王的形相奇妙、殊勝，住的地方叫龍宮，能夠親耳聞佛說法，還能夠布施龍宮做為佛的法施會場。

但對其他魚、蝦、黿、鱉之屬而言，則不見宮殿、不聞法、不見佛。這些海中眾生，形貌醜陋、粗鄙，時時活在緊張、恐怖之中，周圍都是黑暗的大海以及各種天敵，好不容易找到食物可吃時，也是最危險、最容易喪命的時刻。

所以，大海是沒有自性（固定的性質）的，一切萬法亦無有自性。但以何為自性？以心為自性。這就是《華嚴經》中一再強調的道理。

也就是說，當我們的虛妄心一起，即開始分別攀緣、排斥，賦予自性，造作種種心法，再依心法造作身三、口四七種業，沿著因、緣、果、報相似相續生的軌律，而得到不同的善、惡業報，決定我們的主觀世界和客觀世界，是善或不善，是殊妙或醜陋。

這就是佛教中，很難理解的「諸法無我」、「自性本空」的道理。

佛教談善、惡，終究不是世間法律的問題，甚至也不是倫理道德的問題，只是因、緣、果、報的問題：到底我們要善報還是惡報？要福報還是罪報？

以善業因緣，就得善良、美好的果報；以惡業因緣，就得凶惡、醜陋的果報。這是鐵的因、緣、果、報，也就是佛教說「自造自受」的真理。

《經文》如是種種善惡之報，以業為因，業為主宰法要二十。

【白話講解】像這樣各種不同的善果報和惡果報，都是以其所造作的善事業或惡事業，作為因緣而生成的。若說果報有個主宰，主宰就是這個業。

法要二十：業為主宰

直到一百多年前，美國南方的黑人還都是白人的奴隸。他們不知道自己的祖先是怎麼從非洲被綁架來的，主人姓什麼，他們就姓什麼；他們不知道今天要做什麼工，主人說做什麼，就做什麼；他們更不知道明天可能發生什麼事，主人說賣，就把他賣掉，脖子套上鐵鏈，就被新主人牽走了。

這就是奴隸的寫照：不明來時路，不知今時住，不識去時處；因此也無法掌握去、來、今的命運。

在諸佛的眼中，我們就是業力的奴隸；業力就是我們的主人——「業為主宰」。奴隸是不能預測主人的意志，主人要我們明天眷屬分離，我們能說不嗎？要我們明天去見無常大鬼，我們能不去嗎？要我們做這、說那，我們能不做？不說？

百劫千生以來，我們不正是這樣為業所縛，為業所轉，甘心做業力的奴隸？否則，為何今日仍流浪生死，輪迴六道，不思出離？仍十惡難斷，八苦難離，沉淪苦海，不思回頭？

所以，佛陀慈悲，要我們發願持「十善法戒」。

因為不持戒的人，不能為自己的身、口、意三業負責；不能為自己三業負責的人，就是不能為自己生命負責的人，也就是自己作不了主的人。這樣的人就永遠為奴，做不了自己的主人，只能被惡業牽著走，止不住惡，止不住往三惡趣奔，也止不住墮入醜陋、邪惡的境界。

唯有持上「十善法戒」的人，能夠為自己的身、口、意三業負責，也才是一個為自己生命負責的人，一個自己作得了主的人，這樣的人才能夠自覺地擺脫惡業的主宰，掌握行善的主控權，掌握收成善果的主控權；也因此擺脫掉奴隸的枷鎖，掌握住自己的命運，成為真正的自由人。

《經文》汝今應當：專注修習身語意業，離惡就善。亦令眾生，了達如是因、緣、果、報，樂修三業離惡就善之法法要二十一。由是發起智慧之心，正見不動，不復墮在斷、常二種邪見之中法要二十二，知彼邪見，不能究竟了達因果。

【白話講解】你現在要好好地作到：專心注意去修學練習身業、語業和意業，要遠離三種邪惡事業，要成就三種善良事業。同時還要引領指導其他眾生，讓他們也都能了解通達這種因、緣、果、報的軌律性，讓他們都能樂於修學練習遠離邪惡三業，成就善良三業的方法門道。只有從這裡，才能發動開啟智慧的心，堅持真實正確的見解而不動搖，不會再次陷落到執著『斷、常』二邊邪妄的見解之中。因為已能認識到，這類執著二邊的虛妄見解，找不到問題的根源，不能徹底認識到一切人、事、物的因、緣、果、報。

法要二十一：樂修三業離惡就善之法

《維摩詰所說經》上說：「善惡之業亦不亡」。講的是，除了今世以外，累世以來，我們都有無量的善業、福德，也都有無量的惡業、果報；而且都不斷地在相似相續生。

《大般涅槃經》上又說：「若有造業，果終不失」。這些善業、惡業，終究都會開花結果的。

我們以累世惡業深重，故受生為末法時期罪苦眾生；今世也沒有如法持戒修福，如果我們墮於三惡道，就不知要輪轉多久，善業才有機會開花結果。

但我們又以累世善業，今世得為人身；更以累世及今世供養三寶的善業，今日得聞正法，學習十善法戒。故要善自珍重，「樂修三業離惡就善之法」，遠離十惡，讓善業就在今生好好地開花結果。

法要二十二：斷、常二種邪見

認為人、事、物是無常的，叫「斷見」。認為人、事、物是常的，叫「常見」。

我們的心，有時住於「斷見」，有時住於「常見」，有時同時住於斷、常二見之中。

光是我們對生命的看法，就出現了斷、常二見。我們看到意外事件或死人出殯的時候，就會害怕。怕什麼？怕死，認為生命太無常了。這就是執於「斷見」。

但又經常忘記我們都隨時隨地會死，因此所做的一切事、一切設想，都是假定我們是不會死的。這就是執於「常見」。

佛陀認為這兩種見解，都是邪見，不是正見。為什麼呢？因為這個「我」，叫做五陰身，即是色、受、想、行、識互動的產物。他永遠在相似相續生，斷不了的，想令其不生也不行。佛陀有宿命通，看到人雖然死了，但還帶著累世以及今世的業，沿著業力的軌跡，再去受生。只是我們肉眼看不到時，就說「他不存在了」。所以，認為生命是無常的「斷見」，是一種「邪見」。

如果相信生命是常的，這又墮入「常見」的邪見中。因為「我」在念念死，又念念生，哪有這個「我」？從受精卵開始，到出胎、嬰兒、兒童、少年、青年、壯年、中年到老年，沒有一個「我」可維持常態。

的確，這個有形有相的身，是不斷在改變，但「一切都能夠改變，變不了是我的心」，我的心總不會變吧？這還是執於「常見」。因為從嬰兒的心、兒童的心……一路到老年的心、臨死前的心……到再去受生的心……，都在改變，想不改變也做不到。

我們對「我」執斷、常二種邪見，當然對「我」以外的一切人、事、物也是執斷、常二邊邪見。

比如說，我們想要修治漂亮的庭園、亭台、樓閣、花草、木石等，希望良辰美景永在，這時候心住「常見」。一會兒，我們的「斷見」跑出來了，說什麼「物是人非事事休，欲語淚雙流」等喪氣的話。我們的心，就是這樣永遠徘徊在斷、常二邊邪見，無法產生正見。

所以佛陀才要我們信受奉持十善法戒，啟動自心的覺性，認識真實正確的因、緣、果、報，不被二邊邪見所左右。直到開啟了般若智慧，更徹底究竟地認識到一切人事物的因、緣、果、報時，就能完全破除二邊邪見，樹立正見不動。

《經文》如是知已，於諸福田歡喜敬養法要二十三**，是故汝等亦得人、天及諸眾生，求以為師，尊敬供養。**

【白話講解】根據上述這樣的認識，就會對於各種『福田』高高興興地去作恭敬供養。因此之故，龍王，你和今天的會眾們，都會得到人道、天道以及其他眾生的請求，要你們當他們的導師，並受到他們尊重恭敬的供養。

法要二十三：於諸福田歡喜敬養

在佛經中，「福田」是指有資格受眾生供養的人。因為有資格受眾生供養的人，是讓眾生於供養他時，在他的身上種下自己福報的種子，故叫福田。一般來說，佛、菩薩、辟支佛、阿羅漢、還有一切僧——依正法出家的修行人，是一切眾生的福田，是應供養者。

所以恭敬供養三寶，即是種福田。

佛陀在此特別咐囑與會大眾：既已聽聞今日的開示，正確認識到「作善獲福，為惡受殃」（見《未曾有說因緣經》）的真理，就還要繼續高高興興去恭敬供養三寶。

因為恭敬供養三寶，是持戒修福的第一步，即是受持「三歸依戒」，這本身就是在造善業，而且是一切善業的基礎，一切的福都開始於此。

同時，佛陀還咐囑會眾：以能恭敬供養三寶的善業，復以能自覺地持好十善法戒，修習身、口、意三善業，故得「人、天及諸眾生，求以為師，尊敬供養」的福報。此時，做為眾生的真實福田，當以十善法戒教化一切眾生，令眾生也都能了達為善、為惡的因、緣、果、報，也都能以智慧來受持十善法戒，也都能不再墮於諸惡趣中，並得一切殊妙色相。

根本安住品第二

《經文》龍王，當知菩薩有一法法要一，能斷一切惡趣之業，是故能離諸惡道苦①。

【白話講解】龍王，你要知道菩薩有一個辦法，能夠斷除那些令眾生墮入三種惡趣的所有不善事業，因此就能使眾生遠離在三惡道中所遭受到的痛苦折磨。

墮入畜生道的眾生，經常活在饑餓和恐怖的逼迫中，連求偶都是在業力的逼迫和煎熬下進行的，它們往往要冒著生命的危險去取食，去爭奪交配權，自己更是其它畜生獵取的對象。

餓鬼道的眾生雖饑渴難熬，但在他們的眼中，食物猶如熱炭，清泉猶如流火，都不能入口。

但從諸佛菩薩的眼裡看來，這些痛苦的折磨，無非是要三惡道的眾生能知苦、怖畏，儘速厭離。

①諸惡道苦：在《地藏本願經·地獄名號品第五》中，地藏菩薩應普賢菩薩之問，數說地獄

名號及惡報等事——有地獄名極無間和大阿鼻，還有四角地獄、飛刀地獄、火箭地獄、夾山地獄、通槍地獄、鐵車地獄等百千種大小地獄。地獄眾生所受之罪報如：取罪人舌，使牛耕之；取罪人心，夜叉食之；或鑊湯盛沸，煮罪人身；或赤燒銅柱，使罪人抱……等等。

法要一：菩薩有一法

本品一開始，佛陀就對龍王和與會者宣稱：菩薩有一個法門，不僅能使一切有情，永遠了斷過去所造的一切惡業，還能不再去造新的惡業，因此能令一切有情不再墮三惡道，不再受三惡道的苦果報。

三惡道，又叫三無暇、三惡趣。任何眾生墮入，身心俱受逼迫，沒有機會親近三寶，很難發起慚愧、懺悔心。更慘的是，由於無時無刻不在承受種種苦的逼迫和煎熬，早已放棄了願望和理想。

對很多人而言，也正是這顆沒有願望和理想的心，使我們在活著的時候，就像在三惡道裡。

而菩薩的這一個法門，給了我們最基本、也是最重要的保證，因為只要依止了這一法，如法而行，就保證遠離「惡因」，也就保證不得墮三惡道之「苦果」。

《經文》何等為一？謂能善思惟觀察。

【白話講解】這一個辦法是什麼呢？這個辦法叫作『能善思惟觀察』。

《經文》云何思惟觀察？謂觀察諸惡不善法。

【白話講解】思惟觀察什麼呢？就是去觀察那種種非善的惡法。

《經文》云何思惟觀察諸惡不善法？當觀自身：我於日夜行住坐臥，所與心意無不是過，故身語意諸業之行，無不是惡法要二、三。

【白話講解】怎樣去思惟觀察那些非善的惡法呢？就是去觀察自己，並且同時作這樣的思惟：『我每天不分晝夜，不管在行動中、靜止中或者坐著、躺著，只要是起心動念，全都是有過失的。所以，我所造作的身、口、意三業，沒有不是邪惡的。』

法要二：能善思惟觀察

在這裡，佛陀用一問一答的方式，來傳授我們這一個菩薩法門，即是「能善思惟觀察」——不但要「思惟觀察」，還要能「善」思惟觀察。

怎樣才算是能「善」思惟觀察呢？

就是要觀察惡法。

如何觀察惡法呢？

首先，承認自己正是《地藏本願經》中所說的南閻浮提「習惡眾生」——「舉止動念，無不是業，無不是罪」（如來讚嘆品第六）；「縱發善心，須臾即退，若遇惡緣，念念增長」（囑累人天品第十三）；「結惡習重，旋出旋入」（閻羅王眾讚嘆品第八）。

因此我們心中起的一切念，都是有過失的念，都要造下身、口、意三種惡業。而且從晝到夜，一切時辰中，不論是在跑著、走著……等行動中，或在站著、坐著、躺著、作夢……等靜止中，這些惡念隨時生起，從來沒有間斷過。

如果能以這樣的立場去觀察自心、自身，就叫「觀察惡法」，就叫「能善思惟觀察」。

為什麼佛陀要我們先去觀察惡法，卻不要我們先去觀察善法、行善法呢？

因為我們「習惡」故，自心中的善被惡所障蔽，如果不先觀察惡法、見惡、遠離惡，是觀察不到善法的，更不必談行善法了。

就好像不把田中石塊、野草、毒花拔掉，不能種莊稼，即使撒下善種子，也不能生長。因此，先要整治田地，除掉石塊、野草、毒花，變成良田沃土，再種下善種，善種才能發芽、成長、茁壯、開花、結果。

為什麼佛陀一定要我們思惟觀察惡、見惡、遠離惡呢？

「惡」是我們「苦」唯一的、直接的原因。但以我們「習惡」故，常常不能自見到己惡，所以佛陀慈悲救拔我們，教導我們要「能善思惟觀察惡」。因為若能思惟觀察惡，就見到惡，才能「斷一切惡趣之業」，也因此能「離諸惡道苦」。

法要三：惡的真實義

到底什麼是「惡」？

惡是傷毀。

若論相說，惡有千千萬萬種，但佛陀將種種的惡，總結成「十惡」，即是身三惡業——殺生、偷盜、邪婬；口四惡業——妄語、兩舌、惡口、綺語；意三惡業——貪欲、瞋恚、邪見。

這十種惡行就是十種傷毀法。

傷毀什麼？傷毀每個眾生原本具有的創造美好世界的能力。

在這世界上，幾乎沒有一個懶人，每個人都活得很辛苦、很勤奮，心中都充滿了願望，都希望得到真實、善良、美好的生活。

樂觀積極的人常說：明天會更好；能吃苦的人常說：再熬幾年苦，日子就過了；做父母的常說：孩子長大成器，替我爭口氣就行了；年輕打拼時常想著：到了晚年，能享個清福就好了；做小生意的人老愛在店門口貼著：生意興隆通四海，財源茂盛達三江……；還有，沒有一個人不希望這一輩子「活得從容，走得安祥」。

總之，如何活得真、活得善、活得美，可以說是每個人的願望。

但是，為什麼一般人對真善美的追求是這麼有願無力呢？為什麼老是所願不成就？百般不順心？萬事不如意呢？

因為被自心中的十惡所障蔽、所逼迫、所傷毀、所抵銷故。

以是因緣，「能善思惟觀察」這一個法門，為我們開啟了追求真善美的途徑。只要我們肯發願行上此法，從思惟觀察自己身、口、意三業的十種惡行開始，知惡、見惡、遠離惡，持上十善法戒，就有力去實現真善美的願望。

《經文》如是觀察，當使惡念不興，令四威儀中，諸不善法不得發生。如是斷盡諸不善法，當令善法圓滿具足法要四。

【白話講解】這樣觀察完了，就一定要看管住邪惡的念頭，不允許惡念造作起來。在行、住、坐、臥中，身、口、意就不會有任何邪惡的念頭及行為出現。就這樣去把一切邪惡的念頭及行為全部徹底地斷滅消除，就能夠使一切善良的念頭及行為發生、成就，達到至善的境界。

法要四：十善業道

當我們開始「能善思惟觀察」自己的十惡時，也就開始慚愧懺悔自己的十惡行，方能遠離十惡，建立十善大地，行上十善業道。

所謂「道」，就是方便行路之道，好比軌道。我們造了什麼業，就像火車開上了某一條軌道，在上面加速前行。造了十惡業，就上了十惡業道，帶著我們背離十善大地，愈行愈遠，加速地往八種痛苦和三惡趣奔去。只有先戒惡、止惡，才能幫我們鬆油門、踩剎車，停下來思惟觀察自身、自心行在十惡業道上的心路歷程，如是調轉車頭，出離十惡業道，建立十善大地，行入十善業道。

所以，踏上十善業道的第一步是什麼？是遠離十惡、建立十善大地。成就了十善大地，才有資糧上路，好比窮人身上有了一筆錢，想怎麼花，就怎麼花，可以拿去吃喝，可以拿去請客，可以拿去投資，可以拿去賑災，也可以拿去作佛事。

也就是說，在十善大地上，可以選擇發五種不同的願：或可以發受生人、天高處的願，或發小乘菩提心、中乘菩提心，乃至發無上菩提心。單看我們發什麼願，依願的不同，行於十善業道的深廣度也不同。

總之，只要行上十善業道，保證往真善美的目標前進，而且愈行愈輕鬆愉快，定能行入佳境、所願成就。

《經文》斷惡法故，依善法故法要五，常得親近，諸佛菩薩及餘聖眾。復使同善眾生，皆依三乘道法②，究竟證得佛果。

【白話講解】因為能夠斷除一切惡法；而且又能依止一切善法，所以能夠永遠不離諸佛、菩薩以及善友、善知識。還能進一步引領同行在十善業道上的其他眾生，去回歸依止大、中、小三乘佛法，並依法修行，一直繼續到究竟證得佛陀的果位為止。

②三乘道法：指小、中、大三乘佛法的修行。

小乘，又叫聲聞乘；小乘人追求個人解脫，入小乘涅槃，證阿羅漢果位，不再輪迴受生，所以他們只要依「三十七道品」做到閉六門、鎖六識，不讓眼、耳、鼻、舌、身、意和外面的色、聲、香、味、觸、法互動。換句話說，絕不沾染世間，以保持清淨，這樣就可以斷欲去愛，出離世間。

中乘，又叫緣覺乘，或叫獨覺乘；中乘人要依「十二因緣法」做到破無明，證辟支佛果位，才算解脫。

大乘人發願行菩薩道，「自覺覺人，自度度他」，要依十種「波羅蜜多」（達彼岸法）直到成佛，才算究竟解脫。

三乘佛法的修行，因所發的願不同，最終的目標不同，修習的內容亦有所不同。但基本的佛法——「如來正教」（四法印、十二因緣法、四聖諦、卅七助道品），三乘都要修習。小、中乘人，即以如來正教為修學重點；大乘人，則以修學「如來方便」——十波羅蜜多，為修學重點，但也要學習如來正教。

更基本的是，三乘人都必須先持上十善法戒，建立十善大地，行上十善業道，至於在十善業道上，繼續信受奉持十善法戒的深廣度，則有所不同，此在《華嚴經．十地品》中，有簡單扼要的描述（見第一品、法要一「娑竭羅龍王宮」）。

法要五：何謂善法

什麼是善法呢？

從基本說，能降伏十種惡行的「十善法戒」，就是善法。具體地說，本經第三、四、五品中提到的：「十離惱法」、「十可保信法」、「四種智所讚法」、「八種天所讚法」、「五種不可壞法」、「八種清淨口業法」、「三種決定法」、「五種自在勝願圓滿法」、「八種喜悅心法」、「十功德法」等七十一法，都是善法。

第六、七品中講到更增上的善法，即是「施莊嚴」、「戒莊嚴」、「忍辱莊嚴」、「精進莊嚴」、「定莊嚴」、「慧莊嚴」、「慈莊嚴」、「悲莊嚴」、「喜莊嚴」、「捨莊嚴」、「四攝莊嚴」、「念處莊嚴」、「正勤莊嚴」、「神足莊嚴」、「五根莊嚴」、「五力莊嚴」、「七覺支莊嚴」、「八正道莊嚴」、「止莊嚴」、「觀莊嚴」、「方便莊嚴」等。

還有，在十善大地之上，行十善業道，求人天福報是善法；修聲聞乘證阿羅漢果位是善法；修緣覺乘證辟支佛果位是善法；修菩薩道證十地果位是善法；乃至成佛證無上正等正覺的果位，則是一切善法的究竟、圓滿具足。

以上所說善法的成就和具足，都必須從「能善思惟觀察」行、住、坐、臥中的十惡開始，因為這樣的思惟觀察本身就是善法，就是信受奉持「十善法戒」的開始；也是開啟、長養、成就、具足一切善法的根本。

這個「思惟觀察十惡行法」，就是佛教中的慚愧懺悔法。

《經文》云何善法？謂能遠離殺生、偷盜、邪婬、妄語、兩舌、惡口、綺語、貪欲、瞋恚、邪見者，如是遠離，則能行於十善業道法要六。

【白話講解】怎樣去行這些善法呢？就是要去遠離殺生、偷盜、邪婬、妄語、兩舌、惡口、綺語、貪欲、瞋恚、邪見這十種惡行。遠離了上述的十種惡行，就能依照十善業道而行。

法要六：遠離十惡

佛陀傳授我們十善法戒，卻不說「十善」，只說「十惡」，到底何者為「十善」？

《佛說四十二章經》中說：「是惡若止，名十善行耳」。故知，遠離十惡，即名「十善」。

我們自心本自具足一切善法，但為惡所遮蔽，故發揮不出來。然而「善」是真實的，只能暫時被遮蔽，不能永久被毀掉。只要遠離十惡，善就能發揮出來，就能在我們心中建立十善大地，在十善大地上長養一切善法寶藏，就是行於十善業道。

《經文》十善之業，是為一切根本安住法要七；

【白話講解】修作十種善良事業，就是一切善法的堅固基礎和保證；

法要七：根本安住

一切善法，不論是世間善法或出世間善法，都以十善，也就是遠離十惡來作為土壤，而得根本安住。因為在十善大地上，土壤、種子善故，根芽具善；根芽善故，枝幹具善；枝幹善故，花葉具善；花葉善故，其果必善。

《經文》是生天上人間根本安住法要八；

【白話講解】它是受生天上或人間的基礎和保證；

法要八：人天福報

假如我們選擇受生人天高處，只要在信受奉持十善法戒的基礎上，嚴守身、口、意三業，遠離十惡行，建立十善大地，堅持持戒修福，經常親近供養三寶，必能獲得受生人天高處之果的保證，今生面對老、病、死來臨時，也會從容安泰。

《經文》世間、出世間殊勝善法根本安住法要九；

【白話講解】所有世間和一切出世間，各種高明善巧的智慧學問的基礎和保證；

法要九：世間和出世間的智慧福報

世間和出世間的智慧，有很大的不同。

世間智慧在於認識事物與事物之間的因、緣、果、報；而出世間智慧，是認識心與一切人、事、物、六道眾生、乃至與整個宇宙之間的因、緣、果、報。前者依靠眼、耳、鼻、舌、身的作用，是著相的觀察；後者是於相離相的思惟觀察。前者不能達於究竟，甚至會被表相所迷惑、欺誤，而得顛倒錯謬的結論；後者可以穿透表相，正確揭示內在的因、緣、果、報而達於本末、究竟，得見真實。

二者雖有不同，但任何世間有大成就的人，也都要在十善大地的基礎上，才能建立、累積、增上他的資糧和福報，以至接上出世間的智慧福報。

世間的福報，屬身、命、財——「三不堅法」的五欲之樂，但不能出離生死苦海；而出世間的福報，是法身、慧命、法財——「三堅法」的成就，不但可以具足人間的五欲之樂，還可以出離生死苦海，得享真常、真樂、真我、真淨的自在安隱。

《經文》聲聞道、辟支佛道、菩薩道根本安住法要十；

【白話講解】小乘、中乘、大乘一切佛法修學成果的基礎和保證；

法要十：三乘修行

小、中乘的修行，主要目的是為了要出離世間，堅決地和世間劃清界限。

大乘菩薩道是「世出世間」的修行，對大乘修行人而言，世間正是他覺悟的對象，他的自覺和覺人，是同時發生的同一件事，不是兩件事；他的自度和度他亦復如是，因為一切眾生的苦行苦受都是大乘人返照、認領、覺悟的資糧。

三乘道的修行，其內容和目標雖有不同，但都必須在建立的十善大地之上行十善業道，因為只有在十善大地上，才能使一切善法生根長苗，長幹，乃至枝葉扶疏，花果茂密。

《經文》無上正等正覺根本安住法要十一。

【白話講解】成佛陀果位的基礎和保證。

法要十一：無上正等正覺

無上正等正覺，梵文的發音就是阿耨多羅三藐三菩提(Anuttara-samyak-sambodhi)。

在整個宇宙中，再沒有其它任何眾生的覺悟，能超越佛陀的覺悟，故說佛陀的覺悟是「無上」。

但佛陀又能以慈悲平等心，入一切六道眾生的所知、所見、所覺。換句話說，就是「爾所國土中，所有眾生，若干種心，如來悉知」（見《金剛經》），一切眾生心，皆入如來一心之中，故又說佛陀的覺悟是「正等正覺」。

「千里之行，始於足下」，即使是「無上正等正覺」這樣最周遍、最究竟、最圓滿的覺悟，也要從安住於十善大地、行於十善業道上開始啊！

修治身業品第三

遠離殺生

《經文》龍王，遠離①殺生法要一，即得成就『十離惱法要二法』。何等為十？

【白話講解】龍王，只要立刻停止並慚愧懺悔殺生的罪業，就能夠成就『十離惱法』。什麼是『十離惱法』呢？

①遠離：即是立刻停止並努力慚愧懺悔所造身、口、意十惡業。也就是不斷去清淨掉身、口、意三業的過程。

法要一：殺生

殺生的定義是，殺害生命。

為什麼要殺害生命呢？

因為殺生者認定：一、自己的生命比別人的生命有價值、有力；二、去奪取別人的生命可以增益自己的生命，故而殺生。

只要我們信受奉持這條惡法，就不能防止別人也信受奉持這條惡法；也不能防止信受奉持這條惡法的其他眾生，會把我們當成增益他們生命的對象。

因此我們隨時要盯住自己的身體，以及我們所愛的人的身體，怕他們受到別人的傷害，於是產生「逼迫」。這樣隨時擔心自己生命的短促，本身就是「無暇」。

所以犯了殺生之業，會給我們帶來「逼迫無暇」，讓我們特別的怕死，特別的恐怖，老感到有說不出來的壓迫，老覺得到處有數不清的潛在敵人。這就道出了殺生惡業的果報——一個「惱」字。

法要二：惱

「惱」字，在佛教裡有幾種說法，一是煩惱，二是苦惱，三是懊惱，四是熱惱，五是憂惱。

這五種「惱」，各有各的說道。譬如「煩惱」，在佛教裡指的是：不能正知、正見、正覺這個「我」，卻以顛倒、虛妄、欺誤的邪見來思惟觀察這個

「我」，故而出現「我癡、我見、我慢、我愛」的煩惱。

但總的來說，這五種「惱」都是因為不能正確認識、對待「無常的世界」以及「無常的我」，傷毀心起，所以才會去造惡；在惡業的促動下，產生「逼迫無暇」；在「逼迫無暇」底下，就出現了「惱」。

在這句經文裡，佛陀向我們透露一個奧秘，那就是：殺生者錯認自己的生命應該是「常」——最真實、最有價值的，所以會不惜殺害他人的生命以肯定、增益自己的生命。如此不能正確對待「無常的我」，反而顛倒錯亂對待之，必然常處逼迫無暇中，導致五種「惱」。

所以如果能清淨掉殺生的惡業，就沒有理由去發起造作、去產生這五種「惱」；也就可以成就如下十種「離惱法」：

《經文》一，於諸眾生普施無畏法要三。

【白話講解】一，對一切眾生作出布施，這種布施能解除他們心中的恐怖畏懼。

法要三：於諸眾生普施無畏

如果能清淨掉殺生的罪業，不再以奪取眾生的生命，作為增益自己生命的手段，我們就不再作為眾生的仇敵。眾生見到我們，心中不會再起恐怖畏懼，自然願意跟我們親近。

這是對一切眾生布施「無畏」的第一步。更高層次的「施無畏」，是在眾生願意跟我們親近之後，我們能掌握機會對他進行法布施，以佛陀的真實解脫法來開解他的恐怖、多惱、怨結重重的心。當他的心被開解時，他就能體現出更大的「無畏」。

反過來說，如果我們還有殺生的惡業未除，眾生會感受到我們是他潛在的敵人，就會起恐怖畏懼，這樣就沒有辦法「於諸眾生普施無畏」。

再進一步來看，如果不能「於諸眾生普施無畏」，就表示我們的殺生之業還沒有清淨掉。

《經文》二，常於眾生起大慈心法要四。

【白話講解】二，永遠以大慈心來對待眾生。

法要四：常於眾生起大慈心

在「於諸眾生普施無畏」的基礎上，一切眾生樂於親近我們，我們也願意而且能夠為一切眾生作出真實的惠利來，這就是對眾生作出的「大慈」。

反過來看，如果不能「常於眾生起大慈心」，譬如我們常常有很多的好心，想做一些好事，可是總覺得跟別人格格不入，害怕被別人拒絕、排斥、冷漠，把我們的「好心腸當成驢肝肺」。佛陀告訴我們，有這樣的擔憂和煩惱，正是提醒我們仍有殺生的惡業未盡，因此不能「常於眾生起大慈心」。

《經文》三，永斷一切瞋恚習氣法要五。

【白話講解】三，自心的各種瞋恨惱恚習性業力，永遠斷除。

法要五：永斷一切瞋恚習氣

如果能清淨掉殺生的罪業，我們所有潛在的敵人都會不見了；當潛在的敵人消逝時，慢慢地我們的恐怖心降低、無畏心生起；當無畏心生起時，就不容易造作瞋恚，乃至因為長期活在無畏的心態底下，就能「永斷一切瞋恚習氣」。

反過來看，如果我們的瞋恚習氣猶在的話，就表示我們的殺生之業還沒有清淨掉。

常聽很多朋友抱怨：「我這個人就是瞋恨心太大！」我們也常批評別人：「這個人就是瞋恨心太大！」

通常瞋恚心的下一步，在口業上會直接導致「惡口」，在身業上則直接導致「殺害」。只要犯了這三種惡業中任何一項，都足以使我們墮入地獄、畜生、餓鬼三惡道，引起極大的八種苦。

要改正瞋恚習氣，必須知道：瞋恚的根源是恐怖，甘地說得好：「狗在恐怖時，才會又叫又咬！」（A dog barks and bites when he fears!）恐怖的根源是，我們所要殺害的和可能殺害我們的潛在仇敵太多。為什麼仇敵這麼多？因為我們有個憍慢邪見，總在隨時比較著誰的生命更有力、更有價值，誰可以奪取誰的生命來增益自己的生命。在這樣的憍慢邪見底下，我們的慳吝、貪欲、嫉妒、瞋恚會一連串生起，那麼惡口和殺害就無法避免，也無法避免不墮三惡道了。

因此，要想改掉瞋恚習氣，就要去清淨殺生之業。要想清淨殺生之業，就要去清淨心中三毒。如是不斷地深化慚愧、懺悔和持戒，定能「永斷一切瞋恚習氣」。

《經文》四，身常無病法要六。

【白話講解】四，活一輩子都不生病。

法要六：身常無病

病，是一種傷毀相。不管這個傷毀是由於細菌、病毒、癌細胞、外傷、內傷……或是其它傷害的力量造成，總而言之，都是對我們肉身的傷毀，也都是殺生之業的投影。

從佛陀的眼裡看，經常生病的人，正是因為過去所造殺生、傷害罪業的餘業餘報。所以，如果能夠徹底清淨掉殺生、傷害之罪業，就能得到「身常無病」的善果。

《經文》五，壽命長遠法要七。

【白話講解】五，活得長，幹得久。

法要七：壽命長遠

人之所以能夠壽命長遠，是因為他的身子不受到殺害和傷害。如果我們不能夠清淨掉殺生、傷害的惡業，我們的身子會很容易受到殺害和傷害，壽命就不會長遠。

所以，如果身常多病，如果短命夭壽，就表示我們的殺生之業還沒有清淨掉。

《經文》六，恒為非人之所守護法要八。

【白話講解】六，鬼道眾生來當侍衛，經常侍護在旁。

法要八：恒為非人之所守護

非人，一般是指鬼道和阿修羅道中受生比較低下的眾生，不包括阿修羅王和眾鬼王。

這些受生低下的眾生，比人道要福薄善淺，智慧也很低下，傷害心、猜疑心、計較心和報復心都是極大的。但因為他們屬於無形界的東西，有些人道、畜生道所沒有的小神通。

只要人類干犯了十種惡行中任何一惡，就足以給這些非人藉口，倚仗著小神通力，以最惡劣的心態，找上門來惡性互動。

對於一個殺業很重的人，這些非人會特別對他的傷害性，生起很大的猜疑心、防範心，乃至排斥心、嫉妒心和瞋恨心，因此就會特別地和他惡性互動。

非人無形無相，和我們惡性互動起來的時候，我們是看不見的。但是這個惡性互動會起作用，讓我們遭受到很嚴重的八苦，也就是讓我們在面臨生、老、病、死、愛別離、怨憎會、求不得、逼迫熱惱時，感受到非常激烈的痛苦和折磨。這就是不得非人的守護。

如果我們能夠清淨掉殺生的惡業，這些非人不只不會猜疑、防範、嫉妒、瞋恨、懲罰我們，還會覺得我們是很可親近的，並樂於守護我們，幫助我們免除很多意外災難和不必要發生的殃禍。

反過來說，如果不能「恒為非人之所守護」，災難禍殃不斷，正是提醒我們的殺生之業還沒有清淨掉。

《經文》七，常無惡夢，寢覺快樂法要九。

【白話講解】七，都不會作惡夢，不管睡著或醒過來都愉快歡喜。

法要九：常無惡夢，寢覺快樂

惡夢，是惡業發作的直接體現。睡覺時，因為沒有了醒著時候的理智，也不能像醒著的時候那樣自覺地持戒，所以還沒有清淨掉的惡業，尤其是殺生的惡業，就很容易在夢中直接體現出來。

如果能清淨掉殺生之業，基本上就很容易把惡夢清淨掉。當不再被惡夢折磨的時候，睡覺就是一種享受。否則惡夢使我們在睡覺的時候，進入一個極恐怖、極熱惱的狀態，睡覺就變成一種苦行。

晚上如果睡得很高興，白天起來的時候，當然心情也會很好。事實上我們要注意到：常常夜裡的一個惡夢，可能導致我們一天的神情低落。

因此，如果常有惡夢、寢覺不快樂的話，就是提醒我們的殺生惡業還沒有清淨掉。

《經文》八，滅除怨結，眾怨自解法要十。

【白話講解】八，因為能夠斷除消滅心中怨恨的情結，外面的敵人就不存在了。

法要十：滅除怨結，眾怨自解

如果能清淨掉殺生的惡業，不再信受奉持殺生的惡法——認定我比別的眾生配活，我的生命比別的眾生的生命有價值、有力，因此我可以奪取其他的生命來增益自己的生命。這樣，我們就徹底推翻掉這條惡法。

如是我們和一切眾生怨結自解，和一切眾生不再結怨，所有的冤家仇敵不再出現。

反過來說，如果怨結不得開解、敵人消滅不了，就表示我們的殺生惡業還沒有清淨掉。

《經文》九，無惡道怖法要十一。

【白話講解】九，不再懼怕死了以後會墮落到地獄、畜生、餓鬼等三惡道去受苦。

法要十一：無惡道怖

「惡道怖」指的是，對死了以後會墮入地獄、畜生、餓鬼三惡道所產生的恐怖。

為什麼會有「惡道怖」呢？

因為造了殺生惡業，使我們活在此刻這個人道的世界，就已經見到這麼多的傷害，這麼多的敵人，那麼我們不能不擔心害怕，我們死後將去的地方，可能要比我們已經活過的這一生還要更凶惡、更殘暴，而地獄、畜生、餓鬼這三道正是比人道更凶惡、更殘暴的地方。

所以，如果不能清淨掉殺生之業，就免不了「惡道怖」，尤其到臨死前很衰弱的時候，恐怖會來得更強烈。

《經文》十，命終生天法要十二。是為十。

【白話講解】十，死了以後，保證能升往天道去受生。就是這十種『離惱法』。

法要十二：命終生天

前面九條「離惱法」，在在處處使一個人走向更光明、更善良、更無傷害、更無凶惡的境界去，也就給了一個人很好的資糧。有了這些資糧，在徹底清淨掉殺生之業的基礎上，如果發願死後受生天道，就能如願達成。

若不清淨掉殺生之業的話，就根本不敢作一點兒死後生天的想法，即使想了，自己也將狐疑不信。

《經文》若能迴向阿耨多羅三藐三菩提者，行菩薩道，得善心住法要十三；後成佛時，得佛隨心自在壽命法要十四。

【白話講解】假如能把上述十種福德、功德，拿來作為成就無上正等正覺的資糧，去修行菩薩道，就會成就『善心住』。最後成了佛，自然會得到佛陀那『隨心自在壽命』的功德。

法要十三：善心住

對己、對一切人事物，都有不可動搖的善意而樂觀的耐心，叫「善心住」。如果信受奉持殺生的惡法，隨時準備奪取、傷害別人的生命，隨時又在防範著自己的生命被別人奪取、傷害，這樣，就根本沒有資糧過問「善心住」的問題。因此，一切菩薩要想得到「善心住」，前提必須要徹底清淨掉殺生之業。

法要十四：佛隨心自在壽命

「隨心自在壽命」是佛陀的功德之一。

本來佛是不生不滅的，若有生有滅則不是真佛，所以佛本無壽命長短可言。但諸經有時會提到某一佛其壽若干，譬如釋迦牟尼佛壽只有八十歲。《大般涅槃經》對此有所開示。原來佛陀在人間的一切作為，包括生、老、病、死，以及出家、修道、成道等，都只是為了方便度化眾生而作的「示現」而已。

當眾生見佛、聞佛說法而堪度時，佛便示現受生而度之；當眾生因見佛滅方能發願解脫時，佛便示現受滅。

從另一個角度來看，當我們自心最光明時，對外的投影便是有佛出世；當我們的心變黑暗時，就不能見佛。

當我們不能由佛來教化時，只有由佛的親傳弟子們來教化；當我們變得更「剛強難化」時，便由菩薩來教化；到了最後，只有由鬼神來修理才行。於是就有了經上所說「正法、像法、末法、滅法」四個時期之分。

總之，佛陀依眾生心堪化的程度，來決定他應示現住世的長短，故曰「佛隨心自在壽命」。

我們為何不得「佛隨心自在壽命」？

因為我們過去殺生的業力深重，召感的仇敵太多，在任何時候、任何地點，為了任何原因，他們都可以奪取我們的壽命。甚至連小小的病毒、細菌，都能傷害我們。所以我們的壽命不自在，也不能隨心。

佛陀究竟清淨掉一切殺生惡業，得「善心住」，所有的怨敵統統消滅，故得「隨心自在壽命」的福德。

《經文》龍王，復次觀於十不善行，多墮地獄、畜生、餓鬼之趣。若復殺生，墮三惡道。後生人間，以餘業故，得二種報法要十五：

一者，短命；

二者，苦惱法要十六。

【白話講解】龍王，再回過頭來看看這十惡業道：行在十惡業道上的，死了以後多數會墮落到地獄、畜生、餓鬼三種惡趣裡去受生。假使犯了殺生的業，就會墮往三惡道。等受夠了那裡的苦報以後，再轉生到人間時，因為還有剩餘的罪業沒消盡，仍會得到兩種果報：

一是，活不長；

二是，常在痛苦惱恨之中。

法要十五：十不善行

十不善行，就是十種傷毀之法。

我們因行這十種傷毀之法，故與一切眾生為仇為敵，特別直接和人道、鬼道的眾生短兵相接。因此死後，會見到被冤家仇敵所追，一如《大般涅槃經》中云：「恆為怨家之所追逐」。會被追到什麼樣的地方呢？亦如《大般涅槃經》中云：「墮墜深坑無處不畏」。那個深坑，就是充滿了更大傷毀的地方，也就叫「三惡道」。

殺生是十惡行中最嚴重的一種惡行，死後墮三惡道幾乎是不能避免的。若墮三惡道，就很難出離。通常會先墮入地獄，再爬上餓鬼道，又再墮入畜生道，如是遍歷三惡道後，才有機會再轉生回人道。縱然再受生為人，卻因遍歷了三惡道，心地昏暗狹劣，沒有機會開啟智慧，清淨掉惡業，所以一定會把餘業餘報帶回人間。

法要十六：殺生的餘業餘報

殺生之罪的一項餘業餘報是「短命」。短命者，生命無常，不得十離惱法中

「壽命長遠」的善果，更不可能得「隨心自在壽命」。

因為「短命」所帶來的逼迫、無暇，會使人常陷在八種「苦惱」之中，常被八苦所折磨。這也是殺生的餘業餘報之一。

《華嚴經．十地品》上說：「殺生之罪，能令眾生，墮於地獄、畜生、餓鬼。若生人中，得二種果報：一者，短命；二者，多病。」「多病」即是八種「苦惱」之一。

遠離偷盜

《經文》龍王，遠離偷盜，即得成就十種『可保信法』法要十七②。何等為十？

【白話講解】龍王，只要立刻停止並慚愧懺悔偷盜的罪業，就能夠成就十種『可保信法』。什麼是十種『可保信法』呢？

②保信：保是保存、保護、保藏、保留、保守。信是可信賴、可信托、可依、可止。

法要十七：偷盜與可保信法

偷盜的定義是，現在不屬於我的，又不是我能夠以合情、合理、合法的手段得到的，就去偷去搶。

為什麼要偷盜呢？

因為我們信受奉持一條惡法，認定：我所欲得的和我所配享有的，是不合情、不合理、不合法的，故而要用不合情、不合理、不合法的手段去取得。

佛陀的看法則正好相反。佛陀認為我們每個人自心萬法具足，一切珍財本來就屬於我們的，只待我們自己去發掘、去認領，不需要經由偷盜的方式去取得。

但如果我們信受奉持偷盜的惡法，我們就放棄了真正能夠合情、合理、合法去得到並享有這些珍財的機會了。

所以，偷盜是傷毀法，傷毀了我們本有的珍財，令它不可「保」；也傷毀了我們對自心本有珍財的信心，令它不可「信」。故偷盜本身就是「不可保信法」。

任何人只要覺得自己有偷盜的需要時，就自貶為既不可保、又不可信的人，自居為貧賤者。

因為唯是一個自居貧賤的人，才會用偷盜做為手段，去改變貧窮下賤的狀況。可是，偷盜卻使自己變成了別人猜疑、防範、制裁、修理的對象，就變得更加貧窮下賤，如是墮入一個不能自拔的惡性循環。故知偷盜的果報是非常嚴重的。

所以，如果能清淨掉偷盜的惡業，本身就是「可保信法」，也一定可以成就如下十種「可保信法」：

《經文》一者，資財盈積，王、賊、水、火及非愛子不能散滅法要十八。

【白話講解】一，資糧財富又多又滿，政府軍警、小偷強盜、自然災害、意外事件、還有那敗家子和壞親戚們，都不能來分散敗壞這財產。

法要十八：資財盈積，王、賊、水、火及非愛子不能散滅

如果能夠清淨掉偷盜的惡業，不用偷盜罪去傷毀我們本有的珍財，就能夠資財盈積。

所盈積的資財，因為是我們自心本有的，不是靠侵佔、偷竊、搶奪的方法得來的，就不會得罪政府和其它對我們有偷盜心的人；也不會得罪鬼神，召引來水、火等天災意外；也不會調發那敗家子和邪惡的親戚們的壞心思，所以任誰也搶不走。

但是，偷盜之罪還沒有清淨掉的話，通常很難累積到資財；縱然累積到了資財，也會被「王、賊、水火及非愛子」這五家共享掉或散滅掉。反過來看，如果不能盈積資財、或資財被王、賊、水、火及非愛子所侵奪、所散滅，我們應該想到，這正是提醒我們的偷盜之業還沒有清淨掉。

《經文》二，眷屬和善，多人愛念法要十九。

【白話講解】二，親友、同事、部下都以和藹善良的態度對他；有許許多多的人都愛護他、關心他。

法要十九：眷屬和善，多人愛念

我們的眷屬是以我們作為領導、作為依護、作為榜樣的。如果我們清淨掉偷盜之業，不再受到偷盜惡業的傷毀，能夠從自心中去挖掘本有的珍財，我們就是大家共同的依護者，同時也樹立了一個很好的領導榜樣和風範。

當眷屬跟在我們身邊，彼此都能夠息止惡念、發起善念，我們即得「眷屬和善」的善果。因為我們領導眷屬成為和善眷屬，讓他們少受苦、多受樂，自然能得到他們的感激和愛念。

如果我們不能清淨掉偷盜的惡業，眷屬在我們的領導下，學習我的榜樣，也去進行偷盜之業，變成小偷、強盜，這樣，我們不只不得和善眷屬，還得邪惡眷屬。同時，我們會散播出一種令人不安的訊息，讓眾人不但不愛念我們，還要提防我們可能會用偷盜的辦法去傷害他們。

所以，如果不得和善眷屬，反得邪惡眷屬；不得多人感激、愛念，反被多人懷疑、防範，這正是提醒我們偷盜的罪業還沒有清淨掉。

《經文》三，人不欺負，人信其言法要二十。

【白話講解】三，不會受到別人的欺騙和辜負；他說的話，別人都信。

法要二十：人不欺負，人信其言

如果能靠發掘自心的財富而得到富貴，而不是靠去侵占、偷竊、搶奪別人的財富而得到富貴，人家就無從下手欺騙、辜負我們，我們自然不容易被人家欺騙、被人家辜負。同時，我們對別人不構成威脅性，別人覺得我們安全可靠，當然會相信我們的話。

反過來看，如果常受人欺負，所說的話別人都不信，我們要想到這正是提醒我們尚未能遠離偷盜之業。

《經文》四，十方讚美法要二十一。

【白話講解】四，各方面都對他有很高的評價。

法要二十一：十方讚美

如果不是靠侵佔、偷竊、搶奪別人的財富而致富的話，人家不會嫉妒我們的成就和幸福，我們的成就和幸福是別人所羨慕讚歎的；人家也不會猜疑防範我們，我們對別人絕對無傷害意。如是即得「十方讚美」的善果。

反過來說，如果不得十方讚美，就表示我們的偷盜惡業還沒有清淨掉。

《經文》五，不憂損害法要二十二。

【白話講解】五，不再害怕會受到損傷和災害。

法要二十二：不憂損害

如果能清淨掉偷盜的惡業，我們就不是任何人所猜疑防範的敵人，別人就不會把我們鎖定為損傷破壞的對象，我們甚至能得到鬼神的護念，如是即得「不憂損害」的善果。

所以，如果常擔憂被別人損害，譬如說採取過多或過份的措施提防小偷、強盜，這正是反映出來我們偷盜的惡業還沒有清淨掉。

《經文》六，善名流布，稱讚智慧法要二十三。

【白話講解】六，名譽很好，人盡皆知，多數是誇獎讚美他是個有智慧的人。

法要二十三：善名流布，稱讚智慧

清淨掉偷盜惡業的人，依自智自力發掘自心寶藏，而得大富大貴，不只不受別人猜嫉，反而令人欽羨，定能得到「多人愛念」、「人信其言」、「十方讚美」，當然即得「善名流布」的善果。

同時，眾人一定會稱讚他有過人的智慧。

多數的人，若不能清淨掉偷盜的惡業，雖然處心積慮地想去發財也發不到，縱然發到了財也因為發財的手段有問題而保不住，當然看到居然有這種人可以不用偷、搶、騙的辦法，輕而易舉得到資財盈積，又能夠常保富貴，不被王、賊、水、火及非愛子所散滅，一定覺得此人必有神通智慧，一定會稱讚他的智慧超人。反過來說，如果名譽不好，無人稱讚智慧，就表示我們的偷盜惡業還沒有清淨掉。

《經文》七，處眾無畏法要二十四。

【白話講解】七，無論面對多少人，都不怯場。

法要二十四：處眾無畏

若不再以偷盜的惡業去傷害眾生，就不和眾生為仇為敵。沒有了敵人，身處於眾生中的時候，就沒有掛礙、沒有恐怖，覺得輕鬆愉快。

反過來說，如果處眾有畏，譬如一到人多的地方就怯場、混身彆扭、話都說不出來，表示我們偷盜的惡業還沒有清淨掉。

《經文》八，財命色力安樂；辯才具足無缺法要二十五。

【白話講解】八，他的財富、性命、體貌、精力都令他顯得安適快樂；他的口才好，有說服力，別人的難題考不倒他。

法要二十五：財命色力安樂，辯才具足無缺

既已成就前面七種「可保信法」，自然能得「財命色力安樂」的善果。同時，還能成就「辯才具足無缺」，體現出令眾生無可抗拒的說服力。這個無可抗拒的說服力，不是詭辯、狡辯，而是建立在眾生對我們的信任上；而眾生對我們的信任，是因為我們不再以偷盜之法來傷害眾生，眾生也不再猜疑我們會去傷害他們。

反過來看，如果財命色力不得安樂，辯才不得具足無缺，就表示我們的偷盜惡業還沒有清淨掉。

《經文》九，於親非親，常③懷施意法要二十六。

【白話講解】九，不管親疏，一概布施惠利。

③常：在佛法中「常」字不作經常解，而是不斷的意思。常懷施意，就是從來沒有停止過布施惠利的心思。

法要二十六：於親非親，常懷施意

已能成就前面八種「可保信法」的人，資財盈積，又沒有潛在的敵人可以擔心，自然不會去嚴格劃分「親」與「非親」之間的界限，因此不管親疏，一概平等布施。

但是，如果不能清淨掉偷盜的惡業，就不得不劃清「親」與「非親」的界限，並虛妄分別遠近親疏，認定「非親者都是可懷疑的、都可能傷害我們，親者可能不容易傷害我們」，因此對非親者慳吝，對親者比較好施。這麼一來，正好為一切「非愛子」及「惡親屬」製造了可趁之機。

所以如果我們不能「於親非親，常懷施意」，即表示我們的偷盜惡業還沒有清淨掉。

《經文》十，命終生天法要二十七。是為十。

【白話講解】十，死了以後，能升往天道去受生。就是這十種『可保信法』。

法要二十七：命終生天

既已成就前面九種「可保信法」，證明遠離偷盜之業的人一定非常的善良。這個善良，就是「生天」的資糧。如果死後想要往生更美好的地方去，只要踩著上述這九個「台階」上去，就「生天」了。

《經文》若能迴向阿耨多羅三藐三菩提者，於諸佛法自能證知法要二十八；後成佛時，得證清淨大菩提智。

【白話講解】假如能把上述十種福德、功德，拿來作為成就無上正等正覺的資糧，種種佛所教導之法，都能無師自通，與心相印。最後成了佛，自然會得到佛陀那『清淨大菩提智』。

法要二十八：於諸佛法自能證知

犯偷盜罪業的人，因自居貧賤，認為自己什麼都不配擁有，什麼也不配得，才會迷心外見向外面進行偷盜行為。但越向外面去侵佔、偷竊、奪取，就越背離自心本有的財富和資糧，越找不到佛陀的真理，所以於諸佛法即不得自能證知。

唯有清淨掉偷盜惡業的人，能夠深信：一，「所有珍財盡屬於汝，由汝受用」（見《法寶壇經．機緣第七》）；二，萬法由心造：心生種種法生；心滅種種法滅，自心萬法具足，不假外求。這樣的人，自然會向內心的世界去發掘一切真理，這時，不需要外面太多力量的幫助，就很容易正確地印證諸佛的正法。

若繼續向自心的寶藏中去挖掘，保證最終能證得那自心中本自具足的「清淨大菩提智」。

《經文》若復偷盜，墮三惡道。後生人間，以餘業故，得二種報：

一者，自居貧賤；

二者，不得他人財寶法要二十九。

【白話講解】假使犯了偷盜的罪業，就會墮往三惡道。等受夠了那裡的苦報以後，再轉生到人間時，因為還有剩餘的罪業沒消盡，仍會得到兩種果報：

一是，一輩子貧窮輕賤，不得翻身；

二是，別人有錢，但幫不了他。

法要二十九：偷盜的餘業餘報

偷盜者因為自甘居於貧窮下賤，反對佛法所說「所有珍財盡屬於汝，由汝受用」；「心生種種法生，心滅種種法滅」；自心萬法具足；萬法由心造等基本真理，才會在外面進行偷盜行為。若以這樣的自我認定去輪轉三惡道，再度受生為人的時候，當然必得「自居貧賤」的果報。

《華嚴經・十地品》中說：「偷盜之罪，亦令眾生，墮三惡道。若生人中，得二種果報：一者，貧窮；二者，共財不得自在。」

假如別人認為我們對他有一點兒偷盜的嫌疑的話，絕對不會投資在我們身上，所以別人雖然有錢，但幫不了我們；即使和我們共了財，也會想盡種種刁鑽古怪的辦法來防範我們，怕我們去偷盜他，所以雖「共財」但「不得自在」。「不得他人財寶」和「共財不得自在」其實講的是同一回事。

事實上，只要相信佛陀所說「萬法由心造」、「所有珍財盡屬於汝」的真理，就不會想去偷盜別人的財富。這時，我們體現一個極豐富的內心世界，別人不但不懷疑我們會去偷盜他，還覺得他的財富和我們的財富是一體的，樂意與我們共財，於是我們變成別人最希望投資、幫助的對象。

所以，「得他人財寶」和「共財自在」，是清淨掉偷盜惡業的善果報。

遠離邪婬

《經文》龍王，遠離邪婬，即得成就四種『智所讚法』法要三十。何等為四？

【白話講解】龍王，只要立刻停止並慚愧懺悔邪婬的罪業，就能夠成就四種『智所讚法』。什麼是四種『智所讚法』呢？

法要三十：邪婬與智所讚法

邪婬的定義是，以不合情、不合理、不合法的手段去攀緣異性，並以性行為作為主要攀緣的手段；或者說，是以貪、瞋、癡三毒之心去攀緣異性，並以性行為作為主要攀緣的手段。

為什麼會去邪婬呢？

因為我們誤認為邪婬可以體現力感，增加生命的價值，使自己幸福、快樂。這樣的想法，是畜生道的想法，而且是畜生道的特性。抱持這樣的想法，就是「自居輕賤」，活著的時候就向畜生道認同，死後很容易就墮入畜生道。如果犯邪婬時，竟還有輕毀三寶的動機和行徑，那死後必墮五無間地獄。

因此，邪婬是智者所不許，是智者所不為的。

所以，如果能夠清淨掉邪婬的惡業，定當為一切世間、出世間的智者所讚歎，即得成就如下四種「智所讚法」：

《經文》一，諸根調順法要三十一。

【白話講解】一，眼、耳、鼻、舌、身、意六根全都協調順當。

法要三十一：諸根調順

如果能夠清淨掉邪婬的惡業，可令諸根調順。

反過來說，只要犯邪婬，或邪婬的罪業還沒清淨掉，六根會不調順。為什麼呢？

因為邪婬使我們的心有所執著，執著於對異性的邪惡攀緣，執著於對異性行使性行為，這樣就把我們的心（意根）變得非常狹劣，而其它的五根（眼根、耳根、鼻根、舌根、身根）也跟著被導入一個非常窄視、狹隘、黑暗、冥頑的死巷子裡去，是以六根不得調順。

平常一個能眼觀四面、耳聽八方、全面照顧的人，如果犯了邪婬，就會大現癡迷相，像喝了迷魂湯似的，全顧不上了，別人怎麼勸也勸不醒，六根無法按照平時的水準發揮作用。

所以，如果經常六根不調，就要注意自己是否仍被過去邪婬的業力所主宰、驅使，或是正在犯邪婬。

《經文》二，永離諠掉法要三十二。

【白話講解】二，永遠不再諠憒譁亂。

法要三十二：永離諠掉

當一個人對異性攀緣越緊，愛欲越高漲，甚至在進行性行為時，正是最諠囂掉舉的時候。

這時不只心中三毒齊發，也是四種口業——妄語、兩舌、惡口、綺語最容易齊犯的時候。四種口業齊犯，即名為「諠掉」。

「諠掉」是邪婬必然的果報；所以遠離邪婬，就可以「永離諠掉」。

《經文》三，世所稱歎法要三十三。

【白話講解】三，一切眾生都對他稱揚讚歎。

法要三十三：世所稱歎

佛陀認為，邪婬是「愛欲」業力的增上。

因為當一個人犯邪婬時，自心已被「愛欲」蒙蔽到達極點，也早已被「怨詐親者」所誑，被「眾生知見」這個「內賊」所欺，被「花莖毒蛇」所咬，被「愛」這個「羅剎女婦」吞食掉「善根子」（見《大般涅槃經・光明遍照高貴德王品第十之三及聖行品之二》）。

「愛欲」是人道中一種非常強悍的業力，只有極少數的人能避免不被愛欲所蒙蔽，因此也只有極少數的人能避免不犯邪婬。而邪婬是畜生性重的表現，人道在這方面即和畜生道有著非常相似相近的業力。

所以，如果有人能夠避免犯邪婬，並清淨掉過去所犯的邪婬惡業，是非常稀有難得的，定能為一切世間、出世間有智慧的人大大地稱揚、誇讚，一般人更會跟著讚歎，乃至連鬼、神都會很欽佩。

《經文》四，妻莫能侵，營從無量法要三十四。是為四。

【白話講解】四，異性伴侶不會對他起壞心眼兒，也害不到他；得到無數人的追隨。就是這四種『智所讚法』。

法要三十四：妻莫能侵，營從無量

在五欲樂之中，一個人吃得好、喝得好，身邊的人會跟著樂；或是穿得好，別人看了也賞心悅目。唯獨邪婬是特別的一種「樂」，最不能引起別人的認同，反而極易召來別人的反感。

因為犯邪婬時，不只是自心最蒙蔽的時候，也是最自欺、最自私的時候。這時，只一心想去滿足自己的愛欲，根本管不到其他人的利益，更是不知、不見、不覺自己已莫名其妙地和許多人對立起來，並調發起他們心中的嫉妒和瞋恨。

更不要說，直接被干犯到利益的異性伴侶和家人，會大起嫉妒心、瞋恨心乃至報復心，跟我們敵對起來。

所以，只要一犯邪婬，就喪失掉許多人對我們的同情和認可。首先異性伴侶就會從兩個方面來侵害我們：其一，如果這位伴侶是我們邪婬的對象，就往往會拽住這個小辮子，軟硬兼施、威迫利誘我們，令我們變得更貪、更瞋、更癡，讓我們跟更多的人激烈對立起來；其二，如果這位伴侶不是我們邪婬的對象，就會利用我們邪婬的過失和污點，作為要脅、逼迫、傷害、貶低我們的藉口。故邪婬之罪，不得「妻莫能侵」的善果。

犯邪婬的人，還特別會招惹鬼道的嫉妒、瞋恨，進而引發鬼道來修理、降災。譬如主疾鬼王的部下會發難，讓我們染上難以治癒的性病等。這時，命運就會變得非常悲慘。

邪婬，這麼容易調發起這麼多眾生的瞋恨、嫉妒，恨我們、害我們都來不及，有誰還會高興追隨我們呢？故不得「營從無量」的果報。

唯有清淨掉邪婬的罪業，我們的伴侶不只不會對我們起嫉妒心、瞋恨心，更不會侵害我們，同時還能迎來許多的追隨者。

《經文》若能迴向阿耨多羅三藐三菩提者，後成佛時，得佛之大丈夫隱密藏相法要三十五。

【白話講解】假如能把上述四種福德、功德，拿來作為成就無上正等正覺的資糧，最後成了佛，自然會得到如來三十二相中『大丈夫馬陰藏』的功德之相。

法要三十五：佛之大丈夫隱密藏相

佛乃大雄，是真正大丈夫也。雖示現男身，雖有男性生殖器，但因遠離邪婬故，不以生殖器為傲，故現「馬陰藏相」。

「馬陰藏相」是如來三十二相之一，即「佛之大丈夫隱密藏相」。世間丈夫，亦現男身，但若把生殖器作為憍慢高幢來揮舞，以此為有力，就會犯邪婬。以邪婬惡業，即自貶為與小人，乃至與畜生同一類，因此必不得成就四種「智所讚法」，更遑論得「佛之大丈夫隱密藏相」。

《經文》若復邪婬，墮三惡道。後生人間，以餘業故，得二種報：

一者，愚癡；

二者，妻不貞良法要三十六。

【白話講解】假使犯了邪婬的罪業，就會墮往三惡道。等受夠了那裡的苦報以後，再轉生到人間時，因為還有剩餘的罪業沒消盡，仍會得到兩種果報：

一是，愚蠢癡迷；

二是，異性伴侶對他不忠實也不善良。

法要三十六：邪婬的餘業餘報

任何一個人，若一心執著於對異性的貪愛，本身就是愚癡；若再以性行為作為攀緣異性的主要手段，則跡近於畜生道的行徑，那就更愚癡了。如是必定六根不調，耳不聽、目不明，什麼重要的事也看不清、聽不明，只能跟著感覺走，喪失了深心思惟觀察的能力，死後就很容易往畜生道墮落，再轉生為人時，很難避免「愚癡」的果報。

《華嚴經．十地品》裡面亦講：「邪婬之罪，亦令眾生，墮三惡道。若生人中，得二種果報：一者，妻不貞良；二者，不得隨意眷屬。」「不得隨意眷屬」即是不得「妻莫能侵，營從無量」。

修治口業品第四

遠離妄語

《經文》龍王，遠離妄語，即得成就八種『天所讚法』法要一。何等為八？

【白話講解】龍王，只要立刻停止並慚愧懺悔妄語的罪業，就能夠成就八種『天所讚法』。什麼是八種「天所讚法」呢？

法要一：妄語與天所讚法

妄語的定義是：把沒有的，說成有；把有的，說成沒有；把是的，說成不是；把不是的，說成是。所以妄語是虛妄不實的語言；簡單地說，就是說謊。

為什麼要妄語呢？因為我們認為虛妄不實的語言文字，可以產生「真實的作用」：㈠可以有利於己；㈡可以有利於他；㈢可以傷害他。

但既然是虛妄不實的語言文字，怎麼可能產生我們希求的真實作用呢？於是我們的心開始錯亂。這個錯亂導致的惡果中，最嚴重的是，毀掉了「真實語」的價值。因為如果妄語可以達到真實的作用，那麼還要真實語做什麼呢？

其次，因為分不出真實語和虛妄語到底有什麼分別，造成自心對真假不分，甚至認為真理有傷，謊言無傷。

更嚴重的是，妄語很容易就變成了我們的惡習之一。習慣性的妄語，使我們再也說不出真實的話，再也聽不懂真實的話。

既然我們起心動念只能是虛妄心的造作，而虛妄心只能造作虛妄的思想——邪見。因此我們在憍慢邪見的驅使底下，直接就可以造妄語業；何況還有慳吝貪欲心作為動力，妄語的可能性就大大的增加；再加上嫉妒瞋恨心起作用的時候，妄語就更不能避免了。

為什麼經中說，遠離妄語能受到天人讚歎？因為倘若遠離了妄語，只要一開口，說的就是真實語，這一點連天人也作不到，即使在天人之中，也是極稀有難得的。

因此，若能遠離妄語，即得成就如下八種「天所讚法」：

《經文》一，口常清淨，優鉢華香法要二。

【白話講解】一，口業無過失，口中常散出優曇鉢花的高貴香氣。

法要二：口常清淨，優鉢華香

優鉢花，梵語UTPALA，是一種特殊的睡蓮，以青色最為名貴，據說每千年才開一次，極端稀少，散播的香味也極稀有。如果我們完全清淨掉妄語時，口裡會出現這種稀有難得的香味。

反過來說，若有口臭的煩惱，就是提醒我們有妄語之業尚未清淨。

《經文》二，為諸世間之所信伏法要三。

【白話講解】二，得到所有眾生的信賴崇拜。

法要三：為諸世間之所信伏

若遠離妄語，就不需要去向別人宣傳自己是多麼值得信賴，自然會得到別人的信任，因為這時連天人都讚歎我們，我們就是最可信任，也是最受敬仰的人。

反過來說，如果發現別人不信任我們，就是提醒我們有妄語之業未曾清淨。

《經文》三，發言成證，人天敬愛法要四。

【白話講解】三，他所說的一切，都能為真理作證，人道和天道都尊敬愛護他。

法要四：發言成證，人天敬愛

既然「口常清淨，優鉢花香」；「為諸世間之所信伏」，這時所說的話，可為真理作證，人天兩道的眾生都恭敬愛念他。

反之，若有所言，連自己也搞不清楚其真實性，不得周圍人的敬愛，就是提醒我們還有妄語業沒有清淨。

《經文》四，常以愛語，安慰眾生法要五。

【白話講解】四，他總是能夠拿關愛的話，令眾生感到安適寬慰。

法要五：常以愛語，安慰眾生

若遠離妄語，則沒有人會對我們的話打折扣；愛語時，也沒有人會懷疑我們的愛語是諂媚不實的語言。如是能真正寬解眾生的心，發揮實際的惠利。

反過來說，如果不能常以愛語惠利別人，就是提醒我們有妄語業沒有清淨。

《經文》五，得勝意樂，三業清淨法要六。

【白話講解】五，他因心思殊妙而常感快樂，也因此能令身、口、意三業不被邪惡雜染。

法要六：得勝意樂，三業清淨

妄語是非常難除掉的惡習，心中三毒要作到相當程度的清淨時，遠離妄語的功德才會出現。也就是說，如果不以妄語去攪和自心、他心，會比較容易作到心中三毒的消滅，其他身三、口四的七種惡業也不容易造，則容易三業清淨。這時，起心動念無障無礙，心思高超殊妙，能作殊勝想，能得勝意樂，經常在安隱快樂之中。

反之，若經常作下劣想，老是思量惡事，身口意三業常被邪惡所染，就是提醒我們的妄語業未曾清淨。

《經文》六，言無誤失，心常歡喜法要七。

【白話講解】六，說話不再有任何錯誤和過失，自心總是歡歡喜喜的。

法要七：言無誤失，心常歡喜

既然在言論上沒有虛妄，所說的話就不容易有錯誤或過失，心中自然輕鬆愉快。

若言常誤失，自我感覺很差，就是提醒我們有妄語業沒有清淨。

《經文》七，發言尊重，人天奉行法要八。

【白話講解】七，他所說的，受到別人尊敬重視，人天兩道眾生都照著他的話遵奉執行。

法要八：發言尊重，人天奉行

有了前面六項的殊勝功德，所說的話自然受到人天兩道的尊重，大家也願意照著他的話去實行。

但如果所說的話，經常不被尊重或實行，就是檢視自己妄語業的時候了。

《經文》八，智慧殊勝，無能制伏法要九。是為八。

【白話講解】八，智慧高妙，沒有人能夠超過他。就是這八種「天所讚法」。

法要九：智慧殊勝，無能制伏

假使有人開口說的全是真話，當有前七項功德，這樣的人當然是智慧殊勝，而且說出來的話是這樣的真實有力，沒有人可以辯得倒他。

反之，沒有前七項功德或功德不足，當然不可能智慧殊勝，但這也只是在提醒我們有妄語業沒有清淨。

《經文》若能迴向阿耨多羅三藐三菩提者，以此善根，獲得口業清淨，誠實正行；後成佛時，得如來真實語法要十。

【白話講解】假如能把上述八種福德、功德，拿來作為成就無上正等正覺的資糧，依這個善業為根本，就能除滅四種邪惡的口業，並且遠離一切諂誑邪行。

最後成了佛，自然會得到如來真實語的功德。

法要十：得如來真實語

如來只要有所發言，一定都是真實語，要想得到這個功德，就要從遠離妄語開始。

在遠離了妄語，進一步得口業清淨後，說出來的真實語就直接反映出他的心也是誠實的。因為心口一如，行在如來的正道上，就不容易退失到邪道。這樣的人成佛時，立刻得到如來真實語，說出來的話就是真理，這個功德甚大。

《經文》若復妄語，墮三惡道。後生人間，以餘業故，得二種報：

一者，言不誠實；

二者，人不信奉法要十一。

【白話講解】假使犯了妄語的罪業，就會墮往三惡道，等受夠了那裡的苦報以後，再轉生到人間時，因為還有剩餘的罪業沒消盡，仍會得到兩種果報：

一是，說不出誠心老實的話來；

二是，說的話別人都不相信，當然更不肯照他說的去作。

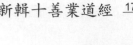

法要十一：妄語的餘業餘報

《華嚴經．十地品》上也說：「妄語之罪，亦令眾生，墮三惡道。若生人中，得二種果報：一者，多被誹謗；二者，為他所誑。」

「多被誹謗」和本經的「人不信奉」，意思是相近的。

一個說謊的人，最容易受人詬病和誑惑，只要這個人開口說話，就有人會在背後說，「不要相信他，他在說謊」。西方人也說：「你的妄語可能一時之間把所有人都騙倒了，也可能長久騙倒一些人，但不能永遠地騙倒所有人。」所以謊話是一定會被揭穿的。這就和本經的「言不誠實」連繫上了。

又因自心於真語、謊言之間的混淆造作，漸漸也會愛聽美麗的謊言，這時必定難免「為他所誑」。

我們以自心邪迷顛倒，認為虛妄不實的語言可以產生真實的作用，放逸其心的造作妄語，如是違佛遠法，喪失了如來真實語的能力，已經夠慘了。更慘的是，到「言不誠實」時，變成了習慣性的說謊者，這比「多被誹謗」、「為他所誑」、「人不信奉」還要可怕。想想，不只說不出真話來，還停止不了說假話，這個果報還不嚴重嗎？

遠離兩舌

《經文》龍王，遠離兩舌，即得成就五種「不可壞法」法要十二。何等為五？

【白話講解】龍王，只要立刻停止並慚愧懺悔兩舌的罪業，就能夠成就五種「不可壞法」。什麼是五種「不可壞法」呢？

法要十二：兩舌與不可壞法

兩舌的定義是：用語言文字，達到破壞眾生之間的團結和良性互動，並造成惡性互動的關係。有四種方式：㈠破壞眾生之間已起的良性互動；㈡阻撓眾生之間未起的良性互動；㈢引發眾生之間未起的惡性互動；㈣增上眾生之間已起的惡性互動。

為什麼要兩舌呢？因為我們相信眾生之間的互動關係愈惡，對我們愈有利；眾生之間互動的關係愈善，對我們愈無利。

心若墮此憍慢邪見，則信受奉持了一個惡法，就是相信「破壞」——破壞別人的良性互動，並引發別人的互相破壞，能夠帶來惠利。這樣的邪迷顛倒，將使我們活在一個殘暴邪惡的世界中。

因為只有惠利才能帶來惠利，破壞只能破壞惠利。所以如果相信破壞，卻想得到惠利，則是適得其反，緣木求魚。

兩舌之業的造作，是因為心中三毒齊發：我們的憍慢邪見，除了帶動慳吝和貪欲之外，還有嫉妒和瞋恨，才會與善為仇為敵——認為別人的良性互動對我們有害，必須予以破壞，進而引發別人之間的互相破壞。

因此，若能遠離兩舌，即得成就如下五種「不可壞法」：

《經文》一，得不壞身，無能害故。

【白話講解】一，不再受到任何人、事、物的傷害，得不壞身。

《經文》二，得不壞眷屬，無能破故。

【白話講解】二，家人、親友、同事、部屬之間的良性互動不受破壞，得不壞眷屬。

《經文》三，得不壞信，順本業行故。

【白話講解】三，依本願、依次第行於十善業道，得不壞信。

《經文》四，得不壞法行，所修所證堅固故。

【白話講解】四，一面修學，一面印證其所修學的不違佛法，得不壞法行。

《經文》五，得不壞善知識、善友①，不誑惑故。是為五法要十三。

【白話講解】五，不以憍誑、虛妄來迷惑自他，得不壞善知識、善友。就是這五種「不可壞法」。

①善知識、善友：能夠向我們介紹十善業道，並引導我們行上十善業道的人，叫做善知識。能夠把我們介紹給善知識，同時輔助、監督、支持我們行於十善業道的人，叫做善友。

法要十三：五種不可壞法

兩舌者，因為相信「破壞法」，所以身常遭受破壞，他的眷屬也因為在他的領導示範下進行破壞之法，彼此不能和善相處；所信、所行也只能順十惡業道而行，不能順十善業道而行。

又因為兩舌是誑惑之法，是用虛妄邪惡的語言文字來誑惑自他，所以將破壞善友、善知識的良性互動關係，以至於把善友、善知識變成惡友、惡知識。所以身常受害者，當知兩舌惡業未淨。

若得壞眷屬者，當知兩舌惡業未淨。

若信根不立者，當知兩舌惡業未淨。

若行於十善業道而經常悔退者，當知兩舌惡業未淨。

若不能如法修行者、所修不能取證者，當知有兩舌惡業未淨。

若不得善知識、善友者，常為師友所誑惑，師友亦常為誑惑者，當知兩舌惡業未淨。

《經文》若能迴向阿耨多羅三藐三菩提者，後成佛時，得正眷屬法要十四，諸魔外道不能沮壞。

【白話講解】假如能把上述五種福德、功德，拿來作為成就無上正等正覺的資糧，最後成了佛，自然會得到如來「正眷屬」的功德。四種魔和九十六種外道都不能干擾破壞。

法要十四：得正眷屬

佛以一切眾生為「正眷屬」，就是等視六道眾生如一子，這個功德從能淨兩舌之業而來。而我們因為兩舌之業未淨，常與大多數眾生為仇為敵，或把他們當作是潛在的仇敵。這時，我們的心容易被諸魔外道所誤導。

因為兩舌之業在憍慢邪見上的造作，就是認為可以用「雙重標準」或「多重標準」來達到破壞別人、惠利自己的目的。

這些雙重標準和多重標準的本身，就會破壞自心和真理認同的能力，使我們不相信真理，不能親近真理，不能得如來一相一味的大法，所以定當為諸魔外道所迷惑、誤導，毀壞了善知識、善友和正眷屬。

《經文》若復兩舌，墮三惡道。後生人間，以餘業故，得二種報：

一者，得下劣眷屬；

二者，感親族分離法要十五。

【白話講解】假使犯了兩舌的罪業，就會墮往三惡道，等受夠了那裡的苦報以後，再轉生到人間時，因為還有剩餘的罪業沒消盡，仍會得到兩種果報：

一是，他的家人、親友、同事、部屬的品質低下頑劣；

二是，他常召感來的都是山河破裂、眾叛親離的傷心事。

法要十五：兩舌的餘業餘報

《華嚴經．十地品》上也說：「兩舌之業，亦令眾生，墮三惡道。若生人中，得二種果報：一者，眷屬乖離；二者，親族弊惡。」

這和本經講的差不多。

眷屬為什麼下劣？因為背逆乖離、互相爭鬥。如果我們相信惡性互動有力，那麼眷屬一定也和周遭的人惡性互動，保證是下劣眷屬。

如果我們相信團結是不好的，良性互動是不好的，那麼親族在長期爭鬥殘害底下，一定常召感分離之事——最惡的莫過於生離死別，這都是兩舌的惡業所致。

遠離惡口

《經文》龍王，遠離惡口，即得成就八種「清淨口業」法要十六。何等為八？

【白話講解】龍王，只要立刻停止並慚愧懺悔惡口的罪業，就能夠成就八種「清淨口業」。什麼是八種「清淨口業」呢？

法要十六：惡口與清淨口業

惡口的定義是：通過語言文字去達到傷害別人的目的。兩舌是以破壞為手段，破壞別人雙方的良性互動。惡口是直接用語言文字去傷害對方，比兩舌更糟糕，是嫉妒瞋恨心直接增上的惡業。

為什麼要惡口呢？因為我們嫉恨別人。為什麼嫉恨別人？因為我們認為別人侵奪我之所有，或妨礙我所欲得。因此，我們相信通過去傷害別人，能夠保護自己，乃至增益自己的利益。

可是有個麻煩，我們原先的目的是為了害怕傷害，是為了保護或增益自己的利益，結果反而用傷害為手段——而傷害只能引起傷害。那麼以惡口所帶來的這個「利益」，到底有多麼真實，值得懷疑。

惡口多數要在心中三把毒火已經燃燒得很厲害，尤其嫉妒瞋恨心相當高漲的時候才會發作。這時如果我們繼續放逸自心，甚至覺得語言文字的效果還不夠，就可能會訴諸實際行動——即殺生、偷盜、邪婬。

惡口本身雖不會有綺語的成分，但可能含有妄語和兩舌在內，所以惡口在破壞口業清淨上是非常嚴重的。

因此，若能遠離惡口，即得成就如下八種「清淨口業」：

《經文》一，言不乖度。

【白話講解】一，但有所說，都無有過失，恰如其份。

《經文》二，言皆利益。

【白話講解】二，但有所說，都能惠利增益自他。

《經文》三，言必契理。

【白話講解】三，但有所說，都不違背真理。

《經文》四，言詞美妙。

【白話講解】四，但有所說，語言詞藻都優美勝妙。

《經文》五，言可承領。

【白話講解】五，但有所說，使人易於領會相應。

《經文》六，言則信用。

【白話講解】六，但有所說，都值得信任，也樂於照辦。

《經文》七，言無可譏。

【白話講解】七，但有所說，沒有人能挑剔出毛病來。

《經文》八，言盡愛樂。是為八法要十七。

【白話講解】八，但有所說，別人都愛聽樂聞。就是這八種「清淨口業」。

法要十七：八種清淨口業

因為惡口是在心中三毒旺盛的情況底下說出來、作出來的語言文字，並要達到實際傷害的效果，所以保證「言必乖度」——乖是乖謬，顛倒錯謬的意思；度是度量，乖度是指乖謬的度量。

既然惡口的目的就是為了要傷害，甚至認為直接傷害的效果愈大愈好，所以絕對不會有什麼真實利益。

所說的話，既乖度，又不能帶來真實利益，這種語言也不可能契合真理。

所言既乖度，又不能帶來真實利益，又不契合真理，言詞必定不美妙。

所言既乖度，又不能帶來真實利益，又不契合真理，言詞又不美妙，當然不易使人相應領會。

所言既乖度，又不能帶來真實利益，又不契合真理，言詞又不美妙，又不易使人領會，當然不值得信任，也不樂於照辦。

有了前面六項，但有所言，必定常被人挑毛病，更不會有人愛聽樂聞。

所以我們只要遠離惡口，遠離不清淨口業，就能成就經中所說的八種「清淨口業」法。

《經文》若能迴向阿耨多羅三藐三菩提者，後成佛時，具足如來梵音聲②相③。

【白話講解】假如能把上述八種福德、功德，拿來作為成就無上正等正覺的資糧，最後成了佛，自然會得到如來那圓滿完美的「梵音聲」的功德相。

②梵音聲：不是指用梵文來發音，指的是大梵天王的聲音，用來作一個形容詞，形容一切眾生愛樂欲聞的清淨聲音。意指佛陀但有所說，能開解眾生怨結，能息眾生心中熱惱，帶給眾生清淨安隱快樂，眾生都愛樂欲聞。

③梵音聲相：如來的「梵音聲」功德相，是圓滿完美而且能夠感動激發人心的，沒有任何傷害性，是已成就阿耨多羅三藐三菩提的一個明證。

《經文》若復惡口，墮三惡道。後生人間，以餘業故，得二種報：

一者，言多鬥諍；

二者，人聞不重法要十八。

【白話講解】假使犯了惡口的罪業，就會墮往三惡道，等受夠了那裡的苦報以後，再轉生到人間時，因為還有剩餘的罪業沒消盡，仍會得到兩種果報：

一是，只要一開口，就會跟人家吵架爭鬥；

二是，沒有人把他的話當回事兒。

法要十八：惡口的餘業餘報

《華嚴經．十地品》上也說：「惡口之罪，亦令眾生，墮三惡道。若生人中，得二種果報：一者，常聞惡聲；二者，言多諍訟」。

「言多諍訟」和本經的「言多鬥諍」是相附合的。

但本經說的「人聞不重」，可能說得輕了些。一個習慣惡口的人，因為自心具足了傷害意，再加上傷害性的語言文字，極容易調發眾生的瞋恨心。人們不只不尊重他，而且厭惡聽到他的語言音聲，也不愛讀他的文章，甚至以惡語相報，如是就「常聞惡聲」。若是鬼神道以惡相報，則令他常會聽到兇惡恐怖的聲音。

遠離綺語

《經文》龍王，遠離綺語，即得成就『三種決定』法要十九。何等為三？

【白話講解】龍王，只要立刻停止並慚愧懺悔綺語的罪業，就能夠成就「三種決定」。什麼是『三種決定』呢？

法要十九：綺語與決定性

綺語的定義是：用浮誇和諂媚的語言文字，來保護並增益自身的利益。但綺語不同於妄語。妄語是把沒有的，說成有；把有的，說成沒有；把是的，說成不是；把不是的，說成是。綺語是「以少報多」，「以小誇大」。為什麼要綺語？因為我們相信：既然大家都很憍誑，愛聽諂媚的話；又因貪欲故，愛聽浮誇的話，所以我們認為使用綺語是有力的手段。

當我們用浮誇和諂媚的語言文字和別人互動時，一下子就可以感動對方，讓對方聽我們的話，如我們的意，停止對我們正在進行或可能會發動的攻擊傷害，甚至可以成就我們所貪圖的利益。

只是有一個麻煩，我們本來講的不是完全沒有根據的事，只是把事情兌了水、充了氣。但這個兌水、充氣的部份，遲早會被對方發現。這時不只不能得到原本所希望的好處，還會導致對方對我們的輕蔑和瞋恨，使我們在對方面前喪失信用，連原先的那點真實都被否定了。

比如我們買到打了糖精的西瓜，發現後，就會指責賣瓜的人說：「你的西瓜裡，全是糖精。」——連西瓜原來的那一點甜味也被否定掉了。其實西瓜不是不甜，只是不夠甜。

我們原先對別人的讚歎之詞，也有一定的誠意和根據，但因為用綺語來表達，被識破後，會被認為：你對我的讚歎全都是假的。甚至把讚歎當成諷刺，把原先本有的誠意和根據，全部推翻，好像買到打了糖精的西瓜。有時不止推翻，還以惡相對，這就引起了惡性互動。

所以本來綺語裏面沒有惡語，也沒有兩舌，也不是妄語，而且有那麼一點真，有那麼一點善。但是因為我們相信自己的憍慢邪見，在貪欲心的促動下，過分的浮誇、過分的諂媚，使它的真性和善性沒有辦法確定。

這個果報是我們見不到的。

因此，若能遠離綺語，即得成就如下「三種決定」：

《經文》一，定為智人所愛法要二十。

【白話講解】一，決定會受到一切有智慧的人的關懷愛護。

法要二十：定為智人所愛

我們都愛聽好話，所謂「馬屁不怕拍過了頭」、「吹牛不犯法」，都認為綺語是無傷害的。但這正是愚人所見，因其不明了綺語的果報。

對別人的功德和長處誇大的人，也免不了要誇大自己的功德、長處，這樣就成了「自欺欺人」。

即使一個以口才自負的人，認為自己很有說服力，可以取得別人的好感，卻不會因此得到有智慧人的合作和幫助。因為有智慧的人知道綺語的過患，也明白自欺欺人的害處，會遠離這樣的人。當然這樣的人也不得善友、善知識。

若明了綺語的果報，遠離綺語，則為一切世間、出世間的智人所讚，說「此人真是有智慧的人」。

《經文》二，定能以智如實答問法要二十一。

【白話講解】二，對於一切問題，決定能依智慧來作真實正確的回答。

法要二十一：定能以智如實答問

好說綺語者，因為他的語言文字是兌了水、充了氣的，所以不能給來請教問難的人真確的回答。不能給人真確回答的人，本身也算是無智的人。反之，若遠離綺語，則定能以智如實答問，是有智慧的人。

《經文》三，定於人天威德最勝，無有虛妄法要二十二。是為三法要二十三。

【白話講解】三，因其心遠離虛假不實、邪迷顛倒，在人天兩道的眾生中，決定是最具威勢、最有功德的。就是這「三種決定」。

法要二十二：定於人天威德最勝，無有虛妄

不能以智如實答問的人，不止不被智人所愛，因為所言浮誇諂媚，虛妄不實，即使在一般人面前，都沒有威嚴和福德，哪裡會在天道之中建立威嚴和福德？

法要二十三：遠離綺語即離四種口業

我們可以同意不妄語，認為妄語是不好的。

我們可以同意不兩舌，認為挑撥離間是不好的，不該破壞人家的良性互動，引發別人互相破壞。

我們也可以同意不惡口，不要出口傷人，而且誰也不喜歡被惡口所傷。

但綺語卻很麻煩。因為我們常常只看到它的利益，看不到它的過患。而且它像是炒菜時放味精一樣，的確可以達到某些實際的目的，有立竿見影的效果。譬如一般廣告都是綺語，但作了廣告就可以促銷，所以持遠離綺語這一戒不容易。

但是遠離綺語為什麼「定」為眾人、智人、天人之所誇讚擁護？因為一個連綺語都不肯說的人，對自己的語言文字要求極嚴，絕不會妄語，不會兩舌，更不會惡口，保證有前述「三種決定」。

所以如果能持上遠離綺語戒，就自然遠離了四種口業。

《經文》若能迴向阿耨多羅三藐三菩提者，後成佛時，即得一切如來諸所授記，皆不唐捐法要二十四。

【白話講解】假如能把上述三種福德、功德，拿來作為成就無上正等正覺的資糧，將來成佛時，自然會得到一切諸佛的授記，無有空過者。

法要二十四：一切如來諸所授記，皆不唐捐

若不為智人所愛，多是綺語所致；若不能以智如實答問，常是綺語所致；若於人天不得威德最勝，常有虛妄，定是綺語所致。但綺語還有更嚴重的果報，將來想成佛時，得不到「一切」如來諸所授記。

為什麼要一切諸佛來授記呢？

一切諸佛來授記，正是為了要印證，是否所有的虛妄不實統統清淨掉了，沒有一點虛假，沒有一點浮誇或諂媚。

若有綺語業未淨，就不得一切如來諸所授記，則但有所作所修，亦皆唐捐。所以綺語是毀善功德非常嚴重的口業。

《經文》若復綺語，墮三惡道。後生人間，以餘業故，得二種報：

一者，言不真正；

二者，所言無定法要二十五。

【白話講解】假使犯了綺語的罪業，就會墮往三惡道，等受夠了那裡的苦報以後，再轉生到人間時，因為還有剩餘的罪業沒消盡，仍會得到兩種果報：

一是，說不出真實正確的話來；

二是，說出來的話，總是出爾反爾。

法要二十五：綺語的餘業餘報

《華嚴經．十地品》上也說：「綺語之罪，亦令眾生，墮三惡道。若生人中，得二種果報：一者，言無人受；二者，語不明了。」

這兩項果報正好可以為本經作佐證。

「言不真正」是說不出真實和正確的話，所以「言無人受」。因為說出來的話，兌了水、充了氣，使它的真性和善性沒有辦法確定，結果變得沒有「定性」——譬如藥品因為兌了水，藥效不足，病可能會痊癒得慢些，還算是善性；但也可能藥力不足給耽誤，死了，這個就是惡性。

也就是以「所言無定」，不能決定所說的是善是惡，必定「語不明了」。

雖然我們都希望自利利他，卻誤以為用兌水、充氣的手段，可以把這個善良的意願擴大，結果適得其反，甚至毀了原先那真實的善良意願，這就是綺語最大的果報。

修治意業品第五

遠離貪欲

《經文》龍王，遠離貪欲法要一，即得成就『五種自在』，勝願圓滿。何等為五？

【白話講解】龍王，只要立刻停止並慚愧懺悔貪欲的罪業，就能夠成就『五種自在』法，完美地實現種種殊勝的願望。什麼是『五種自在』法呢？

法要一：貪欲

貪欲，簡稱為「貪」；全稱為「慳吝貪欲」，又叫「慳貪」。從「我」的憍慢邪見出發，認定「這是我所擁有的，是不可侵奪的」，叫做「慳吝」；又認定「這是我所當得、未得的，必須要去取得的」，叫做貪欲。這是慳吝貪欲的定義。

為什麼會慳吝貪欲呢？

因為「我」是憍慢邪見的產物，是虛妄造作出來的，是沒有真實性的，所以「我」是不得安立的。為了「我」的安立，必須建立「我所」——「我所依、我所有、我所需」，依它而立；而為了「我所」的安立，就難免不去造作慳吝、貪欲之業。

慳吝貪欲的果報是什麼呢？

當我們所要慳吝的，保不住、護不了，被侵奪、損減時，就會心生瞋恨；當我們所要貪欲的，得不到時，就會心生嫉妒。「瞋恨嫉妒」就是慳吝貪欲的直接果報。

慳吝貪欲本身，也直接可以引起四種口業——妄語、兩舌、惡口、綺語，但偏重於妄語、綺語；同時也可以直接引起三種身業——殺生、偷盜、邪婬，但慳吝偏重於偷盜，貪欲偏重於偷盜和邪婬。

為什麼慳吝貪欲一定會引起十種惡業？

因為我們所慳吝的，不外是身、命、財；所貪欲的，也不外是身、命、財，而身、命、財是「無常之法」，亦是不傷自傷、不毀自毀的「傷毀法」，所以我們一定保不住、也護不了，這時，就不可避免會瞋恨；同時，我們想要取得的，也不是我們想像中那麼容易取得，這時，就不可避免會嫉妒。瞋恨嫉妒高漲，就不可避免會引發口業、身業。如是十種惡業齊造。這正是我們的憍慢邪見在作怪，才會有此顛倒、虛妄和傷毀。

十種惡業，就是十種無常之法，也是十種傷毀法。

身、命、財本身已是「無常之法」、「傷毀之法」，如果我們還要造作十惡去取得的話，就是用十種無常之法去取得三種無常之法，用十種傷毀法去取得三種傷毀法，這樣就不容易如願取得；就算取得了，也難保、難護。

唯有清淨掉貪欲的惡業，遠離十種惡行，行於十善業道，自然就比較容易建立身、命、財，成就如下「五種自在」法，圓滿我們的願望：

《經文》一，三業自在，諸根具足故，富貴圓滿法要二。

【白話講解】一，因為六根具足調順，身、口、意三業不相矛盾，得到這樣的自在，叫做『富貴圓滿』。

法要二：三業自在，富貴圓滿

如果能夠清淨掉慳吝貪欲之業，憍慢邪見就不易造作，也不易引起瞋恨、嫉妒，因此身三業、口四業也造作不起來。身、口、意三業不造作，即能遠離十惡業道，不受惡業的繫縛控制，即得「三業自在」。

三業自在者，諸根必定具足調順，不再自我傷毀、自我抵消，就不需要費什麼心思去努力打拼，自然會很輕易地得到身、命、財，享有「富貴圓滿」。

《經文》二，財物自在，一切怨賊不能奪故，福德圓滿法要三。

【白話講解】二，因『富貴圓滿』故，不再擔心外在的仇怨敵賊前來侵犯掠奪，財物不受外力主宰，得到這樣的自在，叫做『福德圓滿』。

法要三：財物自在，福德圓滿

以「富貴圓滿」故，不再有財物上的匱乏，就得「財物自在」。

財物自在者，因為已清淨掉慳吝貪欲的惡業，心中無惡無傷，縱有滾滾而來的財物，也不用擔心害怕有任何的敵人會來侵奪，這樣，就有福去享受花用這些財物和富貴，此即是「福德圓滿」。

如果有了不虞匱乏的財物和富貴，卻不能安心享受花用，正是提醒我們仍有慳吝貪欲之業還沒有清淨掉，因此不得「福德圓滿」。

《經文》三，福德自在，隨心所欲物皆備故，功德圓滿法要四。

【白話講解】三，因『福德圓滿』故，自心的希求已得滿足，一切事物都備而無缺，福德只增不減，得到這樣的自在，叫做『功德圓滿』。

法要四：福德自在，功德圓滿

在「福德圓滿」的基礎上，凡是可欲、所欲的，如果都是對己對人無惡無傷的事物，就一定能隨心所欲得到充足的供應，此即是「福德自在」。福德自在者，因為絕不會把錢財用在「自傷傷人、自害害他」的事物上，就可以利用他的富貴、福德，做出「自利利人、自救救他」乃至「自覺覺人、自度度他」的貢獻，這就開始有了功德，朝向「功德圓滿」的目標邁進。

《經文》四，王位自在，珍奇妙物皆奉獻故，皆得圓滿法要五。

【白話講解】四，因福德、功德故，各方齊來尊奉供養，得到種種珍貴希有美妙的寶物，民生充裕、領導地位十分鞏固，得到這樣的自在，叫做『福德、功德皆得圓滿』。

法要五：王位自在，皆得圓滿

能夠成就「富貴圓滿」、「福德圓滿」、「功德圓滿」的人，定能贏得眾人的尊敬和佩服，很容易被眾人擁戴成為領袖，當上人王。

因為繼續受到眾人的擁護和愛戴，人王不需要自己去經營追求，各方面就會自動把最好的東西奉獻到他的面前，此即是「王位自在」，其福德、功德亦皆得圓滿。

《經文》五，所獲之物過本所求，百倍殊勝，由於昔時不慳嫉故，一切如願圓滿法要六。是為五。

【白話講解】五，正由於已將慳貪嫉妒之心清淨掉了，所得到的一切，都比原先要求的好，好過百倍。得到這樣的自在，叫做『一切如願圓滿』。就是這『五種自在』法。

法要六：一切如願圓滿

百般順心，萬事如意，即是「一切如願圓滿」。

如果，經常事與願違，不如意事常八九，就表示我們的慳吝貪欲之業還沒有清淨掉。

《經文》若能迴向阿耨多羅三藐三菩提者，後成佛時，三界特尊，皆共敬養法要七。

【白話講解】假如能把上述五種福德、功德，拿來作為成就無上正等正覺的資糧，最後成了佛，自然會受到三界有情最尊貴無比的尊敬，受到三界眾生的恭敬供養。

法要七：三界特尊，皆共敬養

既已成就「五種自在」法，受到人間的尊敬和供養。若以此為資糧，最後成了佛，當然定能為「三界特尊，皆共敬養」。

《經文》若復貪欲，墮三惡道。後生人間，以餘業故，得二種報：

一者，不能利益他人；

二者，常被他人侵害法要八。

【白話講解】假使犯了貪欲的罪業，就會墮往三惡道。等受夠了那裡的苦報以後，再轉生到人間時，因為還有剩餘的罪業沒消盡，仍會得到兩種果報：

一是，縱有心願也幫不上別人；

二是，老被別人侵犯傷害。

法要八：貪欲的餘業餘報

當我們慳吝的時候，一定會違背別人乞求我們布施的心願，不肯對別人施予援助，因此「不能利益他人」。

當我們貪欲的時候，常要和別人競爭，甚至要去侵奪別人所擁有的，因此也「不能利益他人」。

正是因為常和別人發生利益上的衝突，常「不能利益他人」，就非常容易站到別人的敵對面，當然必得「常被他人侵犯」的果報。

遠離瞋恚

《經文》龍王，遠離瞋恚，即得成就八種『喜悅心法』法要九。何等為八？

【白話講解】龍王，只要立刻停止並慚愧懺悔瞋恚的罪業，就能夠成就八種『喜悅心法』。什麼是八種『喜悅心法』呢？

法要九：瞋恚與喜悅心

瞋恚，簡稱為「瞋」；完整的說法是「瞋恨嫉妒」，是意業三種惡行之一。

瞋恨嫉妒的定義是：凡是我認為是我所擁有的，必須要保護住，當遭受到侵奪時，所引起的情緒，叫做瞋恨。對於我認為是我當得而未得的，卻見他人得之，所引起的情緒，叫做嫉妒。

瞋恨嫉妒的「因」，是由憍慢邪見，引起慳吝貪欲，由慳吝貪欲，引起了瞋恨嫉妒。

瞋恨嫉妒的「果」報，就是能造作身三、口四的七種惡業。其中：

瞋恨心直接可以引起的身惡業中，偏重於殺；嫉妒心直接可以引起的身惡業中，偏重於盜和婬。

瞋恨心可以引起的口惡業中，比較偏重於兩舌和惡口；嫉妒心可以引起的口惡業中，比較偏重於兩舌和妄語。

經中的「喜悅心」和一般的「高興」不一樣，它是相對於瞋恨嫉妒而說的，是遠離了瞋恨嫉妒時，自心體現的一種力感。這種力感是實力，是有功能的。

因此，若遠離瞋恨嫉妒，即得成就如下八種「喜悅心法」：

《經文》一，無損惱心，得貪心消除法要十。

【白話講解】一，不再因為害怕傷毀而擔憂，不會再因為害怕受磨難而苦惱，也就已經消滅斷除了一切貪欲的心念。

法要十：無損惱心，得貪心消除

如果沒有慳吝貪欲心，就不再害怕損害和磨難。不擔心損害和磨難，叫做無損惱心。

《經文》二，無瞋恚心，得殺心不生法要十一。

【白話講解】二，不再瞋恨恚怒，也就不會再興起殺生的心念。

法要十一：無瞋恚心，得殺心不生

因為沒有損惱心，瞋恨心也不起。瞋恨心不起，就不容易引起殺生的意念，可以得殺心不生。

《經文》三，無諍訟心，得嫉妒心不生法要十二。

【白話講解】三，不再想去爭鬥訴訟，也就不會再起嫉妒的心念。

法要十二：無諍訟心，得嫉妒心不生

因為得貪心消除，不容易引起計較、爭鬥。不和人家計較、爭鬥，就不起嫉妒心。

《經文》四，柔和質直心，得樂生聖族法要十三。

【白話講解】四，其心柔順祥和，誠實正直，就能生生世世歡歡喜喜地受生在菩薩種姓中，常能親近一切諸佛菩薩。

法要十三：柔和質直心，得樂生聖族

當不起貪心、損惱心、瞋恨心、殺心、諍訟心和嫉妒心的時候，柔和質直心生起——「柔和」就是不再剛強、不再凶暴了；質直的「質」是表示有實質內容，實在、真實；「直」是正直，不諂曲。

柔和質直心就是直心道場，是菩薩的第一個道場。有了菩薩的道場，就受生於菩薩種姓之中，所以得樂生聖族。

《經文》五，得聖者慈心法要十四。

【白話講解】五，很快成就菩薩的大慈心。

法要十四：得聖者慈心

因為當了菩薩，在修習四無量心的「慈無量心」（第七波羅蜜多）時，成就了菩薩的大慈心。

《經文》六，常作利益，安眾生心法要十五。

【白話講解】六，但有所作，都能惠利增益眾生，開解眾生的恐怖畏懼，令眾生得到安隱快樂。

法要十五：常作利益，安眾生心

有了大慈心，就要利益一切眾生心。怎麼樣利益眾生心呢？就是要把一切眾生心，引導到究竟安隱、快樂之地，叫做安眾生心。

《經文》七，身相端嚴，眾共尊敬法要十六。

【白話講解】七，身體相貌都端正莊嚴，令一切眾生見到了就會生起尊重恭敬之心。

法要十六：身相端嚴，眾共尊敬

這個時候為什麼會身相端嚴，眾共尊敬呢？

得「眾共尊敬」比較好理解，因為這時滅度了上述六種心（貪心、損惱心、瞋恨心、殺心、諍訟心、嫉妒心），得柔和質直心，變成菩薩，能利益眾生，則一定會受到眾生的共同尊敬。

至於得「身相端嚴」的原因，也不難理解：一個長得再美麗的人，當瞋恨嫉妒心起時，也容易引起別人對他的瞋恨嫉妒，這時別人就會覺得他非常醜陋可厭。當遠離瞋恨嫉妒時，身相自然變得討人喜歡。所以破壞我們身相的，莫過於瞋恨嫉妒心起。因為在遠離瞋恨嫉妒的時候，也早就遠離了慳吝貪欲，而人在慳吝貪欲的時候，形貌也會變得醜陋。同樣的，在起憍慢邪見的時候，形貌也惹人討厭。所以當我們遠離心中三毒的時候，身相會讓眾人非常愛樂，雖然愛樂，卻沒有人敢以「欲心視之」，這才叫做身相端嚴。

因此，以去除心中三毒故，身相端嚴。

《經文》八，以和忍故，速生梵世法要十七。是為八。

【白話講解】八，因祥和寬忍的功德，死後保證能往大梵天去受生。就是這八種『喜悅心法』。

法要十七：以和忍故，速生梵世

因為有前面七種喜悅心法，此時的心調和、寬忍、廣大、柔軟，這樣的心，是生大梵天的本錢。

《經文》若能迴向阿耨多羅三藐三菩提者，心不退轉；後成佛時，得無礙心，觀者無厭法要十八。

【白話講解】假如能把上述八種福德、功德，拿來作為成就無上正等正覺的資糧，即得不退轉心。最後成了佛，自然會得到如來的無礙心智，以及佛三十二相、八十種好的功德相，凡是見到他的眾生，都目不暫捨。

法要十八：心不退轉；後成佛時，得無礙心，觀者無厭

為什麼心會退轉呢？因為心中三毒在作祟。若能遠離瞋恨嫉妒，表示心中三毒已經消滅。三毒消滅，菩薩行就不容易退轉。

為什麼心中三毒會讓菩薩行退轉呢？特別是因為，瞋恨嫉妒所形成的種種障礙，使我們的願力和精進力受到傷毀。受到傷毀，就容易有挫敗感，挫敗感起，就會退轉。

《維摩詰所說經》中說：「忍辱是道場——於諸眾生心無礙故。」故知：瞋恨嫉妒，則於眾生心生障礙，不得無礙心智。菩薩以修忍辱而降伏瞋恨嫉妒心，則於眾生不起障礙，以於眾生心無障礙，而能發起「無礙心智」。

所以瞋恨嫉妒清淨時，行菩薩道不只不會退轉，也不容易有挫敗感。又因為除掉心中三毒的障礙，則得佛的無礙心。以佛的無礙心，出現無礙智，就叫做佛無礙智。

這時，因為沒有心中三毒，所以成就了佛三十二相、八十種好的身相端嚴功德相。這樣殊勝的身相，一定是讓觀者無厭的。

《經文》若復瞋恚，墮三惡道。後生人間，以餘業故，得二種報：

一者，心常不喜；

二者，多不稱意法要十九。

【白話講解】假使犯了瞋恚的罪業，就會墮往三惡道。等受夠了那裡的苦報以後，再轉生到人間時，因為還有剩餘的罪業沒消盡，仍會得到兩種果報：

一是，他的心老是歡喜不起來；

二是，經常會遇上不如意的事。

法要十九：瞋恚的餘業餘報

《華嚴經．十地品》上也說：「瞋恚之罪，亦令眾生，墮三惡道。若生人中，得二種果報：一者，常被他人求其長短；二者，恆被於他之所惱害。」

我們的瞋恨嫉妒心，能直接造作出各種敵人，其創造怨敵的能量，遠比慳吝貪欲的既直接、又快、又猛。

怨敵多時，不斷地被他人求其長短，當然心常不喜；怨敵多時，總是被他人之所惱害，一定多不稱意。

遠離邪見

《經文》龍王，遠離邪見法要二十，即得成就『十功德法』。何等為十？

【白話講解】龍王，只要立刻停止並慚愧懺悔邪見的罪業，就能夠成就『十功德法』。什麼是『十功德法』呢？

法要二十：邪見

邪見，又叫做「憍慢邪見」。

「憍慢」，就是先認定這個「我」是真的，接著再肯定這個「我」是常住不壞的，是最可愛樂的，是最清淨的。「邪見」，就是於本來「無常、無樂、無我、無淨」之中橫計是「常、樂、我、淨」的。由這個基礎上產生的任何見解、觀點、看法，都叫「邪見」。

為什麼會樹立憍慢邪見呢？

我們的心，除了能正見，還能邪見，也就是顛倒見、虛妄見、邪迷見，於是，就出現「憍慢邪見」。然而只起邪見，本身並不嚴重，是因為對邪見起了「攀緣」，心有所執著、有所住、有所耽湎沉醉，才使我們的心「墮」於邪見，樹立起憍慢邪見。

《維摩詰所說經．文殊師利問疾品第五》中說：「何謂病本？謂有攀緣。從有攀緣，則為病本。」一切眾生就是因為攀緣憍慢邪見不捨，故而造作十惡，受八種苦。

諸佛菩薩和我們一樣，能起正見，亦能起邪見，只是他們對邪見不攀緣、不執著、無所住、不耽湎沉醉。「以無攀緣，則無病本」，所以不只不受邪見之害，還能悉知一切眾生的邪見，以平等心入一切眾生心，救拔提升眾生，成就六大神通。

憍慢邪見能引起什麼果報呢？

因為從憍慢邪見出發，認定這個「我」是真的，那麼「我」以及能夠安立「我」的一切「我所」，都必須要保護，都不可被侵奪，故而慳吝；一切當得、未得，若能更加安立、增益「我」及「我所」的，就必須要爭取獲得，故而貪欲。如是憍慢邪見能直接引起「慳吝、貪欲」的果報。

慳吝、貪欲一起，很難不引發嫉妒、瞋恨。當心中三毒齊發，不可避免要引發身業三惡、口業四惡。

憍慢邪見亦可直接引起四種口業，但偏重於妄語；亦可直接引起三種身業，但偏重於殺生和邪婬。

憍慢邪見，能引發其它九種惡業，故是十種惡業之根。

若能清淨掉憍慢邪見，拔除惡根，其它九種惡業就無法造作起來，因此能成就如下「十功德法」：

《經文》一，得真善意樂、真善等侶法要二十一。

【白話講解】一，心中的快樂，既真又善；同行的伴侶，既真又善。

法要二十一：真善意樂，真善等侶

一切眾生的本願，都是要追求真、善、美，但因未能遠離憍慢邪見，錯誤地於無常、無樂、無我、無淨之中，去橫計有常、有樂、有我、有淨，對真、善、美的追求，起如是的顛倒邪見，所以終究不得「真善意樂」。

唯有清淨掉憍慢邪見，沒有憍慢邪見來作梗、作傷毀，我們的心之所行、心之所欲，不再違逆本願，而是朝著本願的方向調順，故必得「真善意樂」。同時，又能與一切追求真、善、美的人，同一志樂，同離十惡，互為最佳善友、平等伴侶，故得「真善等侶」。

《經文》二，深信因果，寧殞身命終不作惡法要二十二。

【白話講解】二，深刻地相信因、緣、果、報的軌律，因此，寧願身受毀傷，甚至犧牲性命，也絕對不肯造作惡業。

法要二十二：深信因果，寧殞身命終不作惡

遠離憍慢邪見，就能直心正見因、緣、果、報。能正見因、緣、果、報者，必定「深信因果」。

深信因果者，必定相信：保護身命不是最要緊的事，還有比喪失身命更可怕的事情要去防範，還有比身命更珍貴的事情要去保護，因此絕不會為了保護身命而去造作十惡，以至喪失最珍貴的佛緣、慧命、法財，或遭受到更可怕的苦果報，乃至死後墮於惡道。故說「寧殞身命終不作惡」。

但若不能遠離憍慢邪見，即不得「真善意樂」、「真善等侶」，亦不得「直心正見」，不能「深信因果」，這樣的人自然會認定，生命是唯一最可寶貴的，而死就是頭等大事，為了保護身命，當然可以去造作十惡。

《經文》三，**唯歸依佛非餘天等，不久獲得賢聖之位**①法要二十三。

【**白話講解**】三，一心只回歸依止佛陀，絕不歸依其餘諸天的鬼神，很容易就進入四賢十聖的果位，很快就會當上阿羅漢、辟支佛或菩薩，乃至究竟成佛。

①賢聖之位：賢者，指小乘的四賢果位，即須陀洹、斯陀含、阿那含和阿羅漢。聖者，指十地菩薩，乃至佛位。對已發大乘願和無上菩提心的善男子、善女人來說，「賢聖之位」就是成就登地的菩薩位。

法要二十三：唯歸依佛非餘天等，不久獲得賢聖之位

遠離憍慢邪見的人，當然不會歸依鬼神和邪魔外道，只會歸依唯一的正見——佛之知見。歸依得上佛之知見者，依「如來正教」、「如來方便」修行，當然很快就能證得「賢聖之位」。

《經文》四，直心正見，永離一切吉凶疑網，得不迷善法法要二十四。

【白話講解】四，以誠直的心正確無誤地去觀察一切，永遠不再墮入那不明凶吉禍福的疑惑之網，得到那永不迷惘的真善大法。

法要二十四：得不迷善法

遠離憍慢邪見的人，得直心道場，能正知、正見、正覺，對於一切凶吉禍福

的因、緣、果、報，看得非常清楚，學習認領到充分的啟示，故不再被迷惑，即「得不迷善法」。

《經文》五，常生人天，不更惡道法要二十五。

【白話講解】五，永遠受生在人道和天道，不會再度墮入三惡道中。

法要二十五：不更惡道

遠離憍慢邪見的人，心中三毒造作不起來，更造作不起身三、口四等七種惡行，故能遠離十惡業道。以遠離十惡業道故，就能斷掉三惡道的受生因，所以「不更惡道」。

《經文》六，無量福慧轉轉增勝法要二十六。

【白話講解】六，福德與智慧持續不斷地、無限量地擴大提升。

法要二十六：無量福慧轉轉增勝

遠離憍慢邪見的人，就是遠離十惡業道，即得行於十善業道，並於十善業道上越行越遠，福德和智慧自然就越行越擴大提升。

《經文》七，永離邪道，行於聖道法要二十七。

【白話講解】七，不會再被任何邪魔外道所傾動困擾，安穩地行在佛陀所引導的正道上。

法要二十七：永離邪道，行於聖道

遠離憍慢邪見的人，不再歸依邪見，就「永離邪道」；爭取與佛同見同行，念念歸依佛之知見，就永遠「行於聖道」。

《經文》八，不起身見②，捨諸惡業法要二十八。

【白話講解】八，不再受到貪愛肉身的絆繫纏縛，就能厭捨出離十惡業道。

②身見：五種惡見之首。其它四種惡見是「邊見、邪見、見取見、戒禁取見」。

法要二十八：不起身見，捨諸惡業

由於遠離憍慢邪見，故能直心正見，明了「身見」是一切邪惡見的根源，亦是造作十惡的根源，所以不再起身見，「不起身見」就不起其它四種惡見。如是心中三毒造作不起來，則「捨諸惡業」，永離十惡業道。

《經文》九，住無礙見，得見一切罪性皆空法要二十九。

【白話講解】九，出離十惡業道，不再為業障所困阻，就能夠無障無礙地洞見一切，乃至見到究竟處，包括見到我們賦予一切萬法『罪』的性質，都是由虛妄所起，本無實性。

法要二十九：住無礙見，得見一切罪性皆空

由於遠離憍慢邪見，三毒、十惡業障不起，故能心中無礙，得無礙見。以此無障無礙，則見一切諸法相的因、緣、果、報，乃至本末、究竟，即是見到諸法實相——第一義空、萬法盡空。以見到萬法盡空故，當然「得見一切罪性皆空」。

《經文》十，不墮諸難③，得人天正行。是為十。

【白話講解】十，遠離八難之難，故於人、天兩道亦不會墮入險難之處，隨

時都能見佛、聞法、識僧，行於坦途大道。就是這十種『功德法』。

③諸難：指八難，即生地獄難、生畜生難、生餓鬼難、諸根不具（盲聾喑啞）難、生邊遠地難、生天難、世智辯聰難、生佛前佛後難。

《經文》若能迴向阿耨多羅三藐三菩提者，速證一切佛法；後成佛時，具足自在神通④法要三十。

【白話講解】假如能把上述十種福德、功德，拿來作為成就無上正等正覺的資糧，很便捷地印證一切佛陀所開示的大法。最後成了佛，自然就會圓滿成就佛陀的六大自在神通智慧。

④神通：指佛及諸大菩薩所特具的六大神通，即他心通、天眼通、天耳通、神足通、宿命通、漏盡通。

法要三十：速證一切佛法，具足自在神通

以遠離憍慢邪見故，即能遠離三毒、十惡，自然心中無障無礙，故能正行精

進於菩薩道上，當然能夠「速證一切佛法」。

以自心萬法具足故，六大神通本自具足故，若遠離憍慢邪見，沒有三毒、十惡作障礙，就無障無礙，一切皆通，六大神通自然具足體現。

《經文》若復邪見，墮三惡道。後生人間，以餘業故，得二種報：

一者，邪見；

二者，懈怠法要三十一。

【白話講解】假使犯了邪見的罪業，就會墮往三惡道。等受夠了那裡的苦報以後，再轉生到人間時，因為還有剩餘的罪業沒消盡，仍會受到兩種果報：

一是，斷不了邪見；

二是，於正見發不起勇猛精進之心。

法要三十一：邪見的餘業餘報

《華嚴經．十地品》中說：「邪見之罪，亦令眾生，墮三惡道。若生人間，得二種果報：一者，生邪見家；二者，其心諂曲。」

邪見的果報，就是引發更多的邪見。我們的心有極大的造作能力，從攀緣最初的邪見開始，心墮於「我」及「我所」的邪見，攀緣不捨，一直不停地造作，因此就從少邪見變成多邪見，進而引發無量無邊的邪見。如是攀緣邪見的人，死後當然要攀緣邪見之家去受生，所以「生邪見家」是「邪見」的增上。

由於未能遠離憍慢邪見，不得直心正見，在精進的道路上，必會碰到障礙。一遇障礙，就得曲溜拐彎，故必「其心諂曲」。以心諂曲故，會使我們的心非常勞累，極容易產生挫敗感，毀掉精進，就造成「懈怠」。所以「其心諂曲」與「懈怠」，講的是同一件事。

《經文》龍王，若有行於如是十不善法，決定獲得如是果報。復更別得，無量無邊諸大苦蘊。」

【白話講解】龍王，只要走在這十種惡業的道路上，保證一定會受到上述這些苦果惡報。不止如此，因為惡能生惡，無有止盡，所以，還將受到更多更重的苦果惡報！沒有止盡。」

布施莊嚴品第六法要一

法要一：布施莊嚴品

佛陀為什麼要用整整一品來講「布施莊嚴」的問題？

這是佛陀的深心所在，為了方便接引那些發願信受奉持十善法戒，成為善男子、善女人的人，特別是那些在十善大地上樹立正信之根後，又發無上菩提心和大乘願的菩薩，讓他們能方便踏上菩薩道，進入初地菩薩位，主修「布施波羅蜜多」。

因此這一品經文的重點，在揭示一個必然的因緣果報：菩薩用布施波羅蜜多來修治莊嚴菩薩道，行於十善業道上，繼續信受奉持十善法戒，不斷清淨身、口、意三業，則只要遠離十惡行中的任何一惡，都能獲得「常富財寶無能侵奪」的善果。

為什麼呢？

從世間金融的投資觀念來講，做生意最重要就在於「流通」。

用俗話來說，就是賺了錢，一定要再「轉投資」或「再投資」。有了轉投資和再投資，如「流水不腐」，錢就「活」起來了，就越聚越多。

因為「生意」即生生不息之意，生機盎然。如果用慳貪心去作生意，只想進而不出，財源就被掐死，生機也被扼殺掉了。菩薩的「生意」，投資在「人心」上；轉投資、再投資也在「人心」上。

這投資就大了。因為「人」是最重要的因素，一切「點子」都是人想出來的；一切事都是人做出來的；一切財富都是人去創造的，所以能投資人心的人，肯定得大富財寶。

初地菩薩多兼任「世間主」或「人王」之位，他必須以食施、財施、身施、法施來體現布施波羅蜜多，但以法施為主。人心經由菩薩如是的「投資」，由十惡業田轉為十善大地，在十善大地上長養善法，其所得的利潤就無量無邊了。所以投資人心是最偉大的「轉投資」、「再投資」，菩薩是真正會做生意的人，故經云：「以布施莊嚴故，常富財寶無能侵奪」。

離殺害

《經文》爾時，世尊復告龍王言：「若有菩薩遠離殺害法要二，修菩薩道，以布施莊嚴①故：常富財寶無能侵奪；長壽無夭；不為一切怨賊損害。

【白話講解】這時佛陀又再對龍王說：「假使有菩薩立刻停止並慚愧懺悔『殺害』的罪業，修行菩薩道，同時依布施波羅蜜多行於十善業道，他將獲得的樂果善報是：永遠都擁有大量的財產珍寶，誰也搶不走；壽命長遠，絕不會夭折；不會被任何仇家、盜賊所侵損傷害。

①莊嚴：菩薩行在十善業道上，以「十波羅蜜多」來彌補增益修行上已發生的過失，謂「莊」；來嚴密防止未來可能發生的過失，謂「嚴」。初地菩薩即以「布施波羅蜜多」作為莊嚴之具。

法要二：殺害與殺生

「殺害」和本經第三品的「殺生」有何不同？

遠離殺害是對菩薩的要求，指不僅要遠離殺生，還必須遠離傷毀損害。菩薩不行殺害，不斷以慚愧清淨自己過去傷害的罪業，如是方能以惠利彼我之心而行布施波羅蜜多，來「投資」於人心。因為有了「人心」這個善緣，大家都會自動護念支持他，自然就不會有人禍，不會為怨賊損害。

況且菩薩有轉惡為善的能力，還有諸佛、諸大菩薩的加持力，能對天災人禍起殊勝想，不妄說凶吉禍福，不引以為損傷，便能大轉法輪，化凶為吉，轉禍為福。

離不與取

《經文》離不與取法要三以施莊嚴故：常富財寶無能侵奪；證得深智最勝無比；悉能備集諸佛法藏。

【白話講解】假使菩薩立刻停止並慚愧懺悔『不與取』的罪業，修行菩薩道，同時依布施波羅蜜多行於十善業道，他將獲得的樂果善報是：永遠都擁有大量的財產珍寶，誰也搶不走；認領取得最深刻、最殊勝無可比擬的智慧；對於三世十方諸佛所開示的法要，都能領受通曉，無有忘失。

法要三：不與取與偷盜

「不與取」是說，沒有得到別人同意給與，就任意拿走別人的東西。這就算偷盜。

和本經第三品的「遠離偷盜」相對照，為什麼佛陀把「不偷盜」的要求提升到遠離「不與取」呢？

「不與取」的對象主要是指法財與法布施。要想作法布施，必需先求法。但若不肯直接對佛、法、僧表示感激，常常不僅求不到法，反而會變成「盜法」之人，造成更大的傷毀。

《法寶壇經．頓漸第八》上記載：「志誠稟命至曹溪，隨眾參請，不言來處，時祖師告眾曰，今有盜法之人，潛在此會，志誠即出禮拜，具陳其事」。原來是神秀大師命弟子志誠到曹溪聽法，並囑咐志誠：「若有所聞盡心記取，還為吾說。」

其實惠能大師乃真菩薩，以正法教化天下為使命，豈能於佛法有所吝惜，還會防著志誠來「盜」法嗎？當然不是，他是為了護念志誠的慧命。因為志誠沒有稟告惠能大師此行來聽法的使命，帶著「不與取」心來聽正法，會對正法起稀有難得的恭敬心和感激心嗎？

學法本來是求教於善知識，請他指示開啟我們心中本自具足的如來智慧德相，但若有不與取的惡業摻雜，雖聽聞佛法，反將得三種惡果：一，法不入心，不能消業除障；二，旋學旋忘，終忘其義；三，有字無義，口念心不行。

但如果能行上「恭敬供養，直心問法，感激讚歎」這十二字，就離開了對法的不與取，掃除了求法上的障礙和學法上的自我傷毀。

所以菩薩遠離不與取，行法布施來莊嚴十善業道，保證能開啟最深刻、最殊勝無比的智慧；也能備集諸佛法藏，深入如來秘密之藏。

離非梵行

《經文》離非梵行法要四以施莊嚴故：常富財寶無能侵奪；得善眷屬，其家直順；母及妻子，無有能以欲心視者。

【白話講解】假使菩薩立刻停止並慚愧懺悔『非梵行』的罪業，修行菩薩道，同時依布施波羅蜜多行於十善業道，他將獲得的樂果善報是：永遠都擁有大量的財產珍寶，誰也搶不走；眷屬都很善良，家庭中沒有困擾磨難，一切順利；家中的男女親眷，都不敢以婬欲心對待他，外人也都不會對他的男女親眷興起貪愛邪婬的念頭。

法要四：非梵行與邪婬

「梵行」乃梵志所行，梵志的原義指的是印度婆羅門教的苦行僧。苦行僧通常連飯都不太吃，也沒有正婬、邪婬的問題。

一般佛經裡說的「梵行」，不是指上述外道梵志所行，是指「清淨行」。雖然外道梵志修的也是清淨行，但對降伏心中三惡無力，不能像大乘菩薩道，做到身、口、意三業清淨以及三業隨智慧行。

而本段經文中的「非梵行」，是以「婬」為中心的種種不清淨行。

大乘的修行人，或已達初地、二地兼世間主或轉輪聖王的菩薩，不可以有邪婬，但可以有正婬，即離非梵行。但若初地、二地菩薩現出家相，則正婬、邪婬都算非梵行，換句話說，就是必須全面戒止一切性行為。

菩薩若遠離非梵行，依布施波羅蜜多來莊嚴十善業道，「作善獲福」故，其眷屬不會惡、只會善，即「得善眷屬」。

又因為菩薩沒有邪婬的罪業和煩惱，眷屬不起嫉妒、瞋恨和爭鬥，就會在他的領導之下團結和睦。其家必然無惡無難，而且一切順利，所以說「得善眷屬，其家直順」。

至於經中提到「母及妻子，無有能以欲心視者」，有二個意思：一是指菩薩已樹立了非梵行的楷模和規矩，所以他的母親、配偶、男女親眷都不對他興起貪愛、邪婬的念頭，不把他看作是繫縛或滿足性欲的對象；二是所有外人看到菩薩的男女親眷，也都不敢用婬心去對待他們。這是遠離非梵行的福報善果之一，因為有很多災難，都是由於外人對家中的眷屬起了婬心而造成的。

離虛誑語

《經文》離虛誑語法要五以施莊嚴故：常富財寶無能侵奪；離眾毀謗，攝持正法；如其誓願，所作必果。

【白話講解】假使菩薩立刻停止並慚愧懺悔『虛誑語』的罪業，修行菩薩道，同時依布施波羅蜜多行於十善業道，他將獲得的樂果善報是：永遠都擁有大量的財產珍寶，誰也搶不走；不再受到一切的傷害和責罵，對正法能夠認領攝受，信奉護持；只要依照他所發的誓願去作，就一定能圓滿成就。

法要五：虛誑語與妄語

「虛誑語」和本經第四品的「妄語」有何不同？

「妄語」指謊言和欺騙的話。「虛誑語」不僅指謊言和欺騙的話，還包括不夠誠實的話、不負責的話。

一個不說謊、不騙人、不說不實之語、不說不負責任之語的人，必定值得信任，乃至可以依賴、仰仗。像這樣稀有難得的人，是所有人喜聞樂見的對象。如果我們遇到他，是不是會非常珍惜和他的關係，並希望能增進與他的關係？所以絕對不會去毀謗他，故能「離眾毀謗」。

說真語、實語的人，所發的誓願也是真實的，並願意為所發的誓願負責，努力依照正確的途徑去成就。因此不會「違佛遠法」——背離如來的真實大法，故能「攝持正法」。

如是離虛誑語者，得兩個輔助：一是眾生的愛念護持；一是三寶的加持，所以他會有超於常人的大能力，故能「如其誓願，所作必果」。

菩薩遠離虛誑語，依布施波羅蜜多來莊嚴十善業道，即能獲得上述樂果善報。

離離間語

《經文》離離間語法要六以施莊嚴故：常富財寶無能侵奪；眷屬和睦，同一志樂，恒無乖諍。

【白話講解】假使菩薩立刻停止並慚愧懺悔『離間語』的罪業，修行菩薩道，同時依布施波羅蜜多行於十善業道，他將獲得的樂果善報是：永遠都擁有大量的財產珍寶，誰也搶不走；眷屬相處都和善融洽，大家有共同的意願喜好，永不違逆諍鬥。

法要六：離間語與兩舌

「離間語」和本經第四品的「兩舌」有何不同？

遠離「兩舌」是對一般人的要求。「兩舌」常常是為了達到個人貪欲的小目的；為了保護自己的利益，或是為了解決和別人的衝突矛盾，所使用雙重或多重標準的手段，因此經常是兩種妄語、乃至兩種惡口、兩種綺語交替使用，是自害害他之惡業。

遠離「離間語」的要求比較高，是對菩薩的要求。因為菩薩有責任發動並護持眾人彼此間的良性互動，而離間語是非常惡的業力，能調發自心的惡和眾生心的惡；能調發自心與眾生心互動的惡；能調發眾生與眾生間互動的惡。

當離間語在眾生間製造了乖諍，所引起的嫉妒心、猜疑心、瞋恨心、仇害心，不僅破壞了眾生的和睦團結，也破壞了大家對同一志樂的認同，使局部之間的矛盾成了主要矛盾，大家為此不再志樂大法，甚至連正法都可以不要，如是壞了眾生的佛緣，這罪過是很大的。

故知菩薩離離間語的目的，是為了要發動並護持眾生之間的和諧和團結以及防止任何惡性互動，除了自己不起惡，和眾生互動時不起惡，還要使眾生與眾生之間互動時不起惡，爭取一切眾生和自己同一志樂。樂什麼？樂捨離世間的苦與惡，樂信受奉持十善法戒，樂得如來真實解脫大法。如是與眾生有了良性互動的基礎，保證「眷屬和睦，同一志樂，恒無乖諍」，這樣才能成就菩薩的本願。

菩薩離離間語最好的範例，莫過於甘地的身教，例如：

盡管當時印度人和英國人之間的仇恨那麼深，但甘地教導他的人民：當印度獨立時，英國人還是我們的朋友，我們要用最光明的心態為他們開歡送會。

離粗惡語

《經文》離粗惡語法要七以施莊嚴故：常富財寶無能侵奪；於諸眾中，無有其過；一切眾會，歡喜歸依；言皆信受，無違拒者。

【白話講解】假使菩薩立刻停止並慚愧懺悔『粗惡語』的罪業，修行菩薩道，同時依布施波羅蜜多行於十善業道，他將獲得的樂果善報是：永遠都擁有大量的財產珍寶，誰也搶不走；與眾生互動時無有過失；在眾人聚集處出現時，受到歡迎，並且都回歸依止於他；他只要開口說話，別人都信服領受，沒人非難反對。

法要七：粗惡語與惡口

「粗惡語」和本經第四品的「惡口」有什麼不同呢？

「惡口」是蓄意傷人的話。遠離惡口是對一般持十善法戒人的要求。「粗惡語」是指因智慧不足，說話不得善巧方便，甚至因言語粗暴引起傷毀。遠離「粗惡語」是對菩薩的要求。

「菩薩」是覺悟的有情，也是發願惠利眾生、帶領眾生走上覺悟之道的有情，是有大能量、大力者。因此菩薩的一句粗惡語，所造成的傷害比一般人嚴重。何況犯了「粗惡語」的過失，往往也會容易犯其它身、口、意業的過失。

所以菩薩若想以布施波羅蜜多來惠利眾生，必須遠離「粗惡語」。只有遠離「粗惡語」，才能以「愛語」布施。如前所說，菩薩是有大能量、大力者，一句愛語，所能帶給眾生的安慰、開解和鼓勵，往往是不可思議的。

這時候菩薩度眾不犯過失，能與眾生良性互動，大家不懷疑他，也不會挑他的眼，找他的麻煩，在大眾聚會的地方，自然受到歡迎，都歡喜地歸依他，信受奉行他的身教言教，保證「於諸眾中，無有其過；一切眾會，歡喜歸依；言皆信受，無違拒者。」

離無義語

《經文》離無義語法要八以施莊嚴故：常富財寶無能侵奪；言不虛設，人皆敬受；能善方便，斷諸疑惑。

【白話講解】假使菩薩立刻停止並慚愧懺悔『無義語』的罪業，修行菩薩道，同時依布施波羅蜜多行於十善業道，他將獲得的樂果善報是：永遠都擁有大量的財產珍寶，誰也搶不走；所說一切都是真實，說到的都能作到，別人都恭敬地聽受；能夠善巧而輕易地去開解消除自己和眾生的疑慮和迷惑。

法要八：無義語與綺語

「無義語」和本經第四品的「綺語」有什麼分別？

「綺語」本有「諂媚語」和「無義語」二意。對一般人要求持「綺語」戒，比較偏重於遠離「諂媚語」。因為一般人為了達成自己的私利，認為用諂媚的話不止不得罪人，還可以討好人，以致輕視了綺語的果報。

菩薩因發願要惠利眾生，沒有私利可言，不需要去諂媚別人。而且對眾生來說，菩薩有力，眾生無力，有力者不必諂媚無力者。所以菩薩不易造「諂媚語」的口業。

對菩薩的要求是遠離「無義語」。「無義語」是指沒有真實義的話，或指浮誇的文字語言。

菩薩發願荷擔眾生，眾生尊重菩薩，認為菩薩是代表諸佛開示佛之所知、所見、所覺，令一切有情得到解脫，所以菩薩說的話都是要有真實義的。包括菩薩對眾生的愛語，都必須有真實義，要能正確而深刻地指出對方的善根。

那麼有人會問：「菩薩連玩笑都不能開嗎？連笑話都不能說嗎？」《華嚴經．二地品》中提到：「……是菩薩乃至戲笑尚恒思審，何況出散亂之言？……」也就是嬉笑時都不能放逸其心。

當菩薩離無義語，則其言論既智慧又方便，可開解消除自己和眾生的疑慮和迷惑。所以我們知道，只有信受奉持真語、實語、如語、不誑語、不異語才能對治「無義語」，才能依真實義得真解脫。

所以菩薩遠離無義語，以布施波羅蜜多來修治其十善業道，「言不虛設」，說到做到，必得一切眾生的信賴、信任、信仰和尊敬，不敢輕視菩薩的言論，並樂意領受菩薩所說的一切。

離貪求心

《經文》離貪求心法要九以施莊嚴故：常富財寶無能侵奪；一切所有悉以慧捨；得於仇怨心無所起；信解堅固具大威力。

【白話講解】假使菩薩立刻停止並慚愧懺悔『貪求心』的罪業，修行菩薩道，同時依布施波羅蜜多行於十善業道，他將獲得的樂果善報是：永遠都擁有大量的財產珍寶，誰也搶不走；能夠根據智慧，將一切所擁有的都放捨布施出去；不對任何人、事、物興起仇恨怨敵的念頭；於佛法深生信心，能依佛法開解一切怨結，不受邪見所惑，因此擁有大智慧、大威神力。

法要九：貪求心與貪欲

「貪求心」和本經第四品中的「貪欲」有何不同？

我們因為多欲無饜，常常所願不成，所求不得，反得自欺欺人、自害害他的種種苦果，所以當我們持十善法戒的時候，必須先離「貪欲」。

菩薩因修習三十七助道品，當修習到第九品「欲定斷行神足」時，「欲」有決定，能善分別何者應斷、何者應行，故無「貪欲」之罪業。

但菩薩的「貪求心」卻會體現在「有所住心」上：一是住於對現在心和過去心的「受無饜足」，使菩薩不願捨，成了布施、持戒以及精進的障礙；二是住於對未來的貪求，反而無端為正精進設了不必要的障礙和磨難，使菩薩失次第，跳躍次第修行，而毀其正精進，變成邪精進。

因此菩薩要進入四地修習精進波羅蜜多的話，非要遠離「貪求心」。所以從第九品「欲定斷行神足」開始，其修行口訣就是：「依止厭，依止離，依止滅，迴向於捨」，一直到修完三十七品的八正聖道中的「正定」為止。菩薩「慧捨」——依智慧而捨，所捨掉的是一切黑暗、一切邪惡、一切怨敵、一切苦惱。此時，四地菩薩因修習並成就三十七助道品，即登焰慧地，其智慧放大光明。

「迴向於捨」就是要捨離「受無饜足」，也就是要滅度「有所住心」，這樣就保證菩薩能遠離貪求心，行於正道而精進不懈，一直提升，一直進步，如是必定「信解堅固」；在信解堅固的基礎上，菩薩的法力、慈悲力、神通力、智慧力，也在繼續不斷地增長和擴大，如是必定「具大威力」；以大威力故，菩薩惠利眾生的效果也一直在增強，能救拔地獄的罪苦眾生。

如是已得的善法都能知捨，何況是捨掉對人、事、物的仇怨心？

所以菩薩在自覺覺人、自度度他的修行中，遠離掉貪求心，又以布施來莊嚴十善業道，把布施波羅蜜多行到最高處，作無量的身布施、財布施和法布施，必定「一切所有悉以慧捨；得於仇怨心無所起；信解堅固具大威力」。

離忿怒心

《經文》離忿怒心法要十以施莊嚴故：常富財寶無能侵奪；速自成就無礙心智；諸根嚴好，見皆敬愛。

【白話講解】假使菩薩立刻停止並慚愧懺悔『忿怒心』的罪業，修行菩薩道，同時依布施波羅蜜多行於十善業道，他將獲得的樂果善報是：永遠都擁有大量的財產珍寶，誰也搶不走；其心很快地能夠出離一切業障，開啟種種智慧；眼、耳、鼻、舌、身等五根都生得端莊、嚴肅、美好，人見了都會恭敬愛念。

法要十：忿怒心與瞋恚

「忿怒心」和本經第五品的「瞋恚」有什麼不同？

瞋恚含有很強烈的仇恨、傷害的意思，會直接引發四種口業和三種身業，能令一切眾生直墮地獄，故要遠離之。

而「忿怒心」是菩薩之惡。

因為忿怒心會破壞菩薩對自己和對眾生的「善意而樂觀的耐心」，使自己的心量變成狹窄剛強，喪失了原有的廣大柔軟，使菩薩不能自覺，也不能覺人；不能自度，也不能度他，是菩薩想成就「無礙心智」的最大障礙。

所以菩薩對眾生行法布施時，必須遠離忿怒心，方能開啟種種智慧，惠利自己，也惠利眾生。

若放逸忿怒心，其傷毀力甚至能影響到色相，長得再美的人，只要一忿怒，他的美麗就不見了，變成極不可愛樂之相。忿怒心讓菩薩的諸根不嚴好，比如耳不聰、目不明或色相醜陋，甚至還會變得猙獰恐怖，使眾生見了不起敬愛心。

而諸根嚴好的菩薩，眾生喜聞樂見，百看不厭，樂於親近，以此優越的地位去行布施波羅蜜多，自心清淨，用真語、愛語來為眾生作法布施，眾生一定樂意接受。這時布施波羅蜜多才能有大效果，產生大威力。

所以遠離忿怒心所得「諸根嚴好」的善果，是度眾很好的潤滑劑。

離邪倒心

《經文》離邪倒心法要十一以施莊嚴故：常富財寶無能侵奪；恒生正見敬信之家；見佛聞法供養眾僧；常不忘失大菩提心。

【白話講解】假使菩薩立刻停止並慚愧懺悔『邪倒心』的罪業，修行菩薩道，同時依布施波羅蜜多行於十善業道，他將獲得的樂果善報是：永遠都擁有大量的財產珍寶，誰也搶不走；生生世世都受生在禮敬歸依三寶的正行、正信、正見之家；經常親近佛陀，聽聞正法，供養出家修行人；對於所發明的無上正等正覺之心，永不遺忘漏失。

法要十一：邪倒心與邪見

「邪倒心」和本經第五品的「邪見」有什麼分別呢？

《華嚴經．十地品》中佛陀開示說：「諸佛正法，如是甚深，如是寂靜，如是寂滅，如是空，如是無相，如是無願，如是無染，如是無量，如是廣大，而諸凡夫，心墮邪見，無明覆翳，立憍慢高幢，入渴愛網中，行諂誑稠林，不能自出……」。

「邪見」是由「邪倒心」產生出來，邪見是果，邪倒心是因。

我們之所以歸依邪見，是無法控制自己的邪倒心。當邪倒心起，自然就背離了佛陀的正見，只能產生邪見，「覺悟的有情」變成「不覺悟的眾生」。

菩薩既然發願：「我當於一切眾生中為首、為勝……為導、為將、為帥，乃至為一切智智依止者」（見《華嚴經．十地品》），要為眾生拔除邪見之根，就必須要先滅度自己的邪倒心。因此菩薩不止不能歸依邪見，連產生邪見種子、製造邪見的機器（邪倒心）都要遠離，不能放逸這邪倒心。所以對菩薩所持十善法戒的要求，要更嚴格地溯本追源，要更究竟徹底，如是才能保證菩薩不會遠離佛陀的正法和教誨。

是以，菩薩若能遠離邪倒心，不再心墮邪見，如是修行菩薩道，以布施波羅蜜多來莊嚴十善業道，能得到如下種種善果報：㈠保證不管是法財還是世間財，都能常富財寶，無能侵奪；㈡保證生生世世都能生在正見、正信之家；㈢保證生生世世都能見佛、聞法、識僧；㈣保證生生世世都不會忘失菩提心。

《經文》是為大士行十善行，修菩薩道，以施莊嚴，果報圓滿，所獲大利如是！

【白話講解】這就是覺悟的大有情以十善行為基礎，去修行菩薩道，同時依布施波羅蜜多行於十善業道，具足成就了樂果善報，得到如此廣大的惠利。

修道莊嚴品第七

戒莊嚴

《經文》龍王，大士行十善行，修菩薩道，舉要言之法要一，若以戒莊嚴故，果報圓滿，能生一切佛法義利，滿足大願法要二。

【白話講解】龍王，大菩薩修行菩薩道，依其餘九種波羅蜜多行於十善業道上，且不談細節，只提重點，成就的樂果善報分述如下：若依持戒波羅蜜多行於十善業道，能夠獲得佛法全部的真實意義和惠利，圓滿成就大乘願。

法要一：舉要言之

在第六品中，佛陀是專為接引已發大乘願和無上菩提心的善男子、善女人，正式進入初地菩薩位的修行，故再廣說一遍十善法戒，以加強「自救救人，自利利他；自覺覺人，自度度他」的能力。

第七品，則為二地及二地以上的菩薩而說。

二地菩薩，在十善大地上，行菩薩道，已能持上「菩薩清淨戒」，其福德、功德比初地菩薩大很多倍，因此能夠「聞法即自開解」，更何況是二地以上的菩薩們！所以佛陀在本品中，對十善法戒的內容就沒有著墨太多，只「舉要言之」，略說而已。

法要二：持戒波羅蜜多

戒，是鎧甲，是為了謹護佛緣，莊嚴戒體。

二地菩薩依持戒波羅蜜多行於十善業道上，要莊嚴的戒體是：十善法戒；正信之根；大乘願和無上菩提心；布施波羅蜜多，這四個已生的善法功德。

故知十善法戒，是持戒波羅蜜多要莊嚴的第一個善法。

在持上十善法戒的基礎上，建立了十善大地，才能行上十善業道，樹立正信之根。

在正信之根的基礎上，才能發起無上菩提心，發滅度一切眾生的大乘願。因為我們只能願我們所信的，不能願我們所不信的。

有了真實的大乘願，要以布施波羅蜜多來莊嚴之，盡捨一切惡。惡若不捨的話，能傷毀已發的大願；能動搖已樹立的正信之根；能遮蔽已修治的十善大地。所以要用布施波羅蜜多為莊嚴之具，護念這三個已得的善法。

既已盡捨一切惡，就要靠持戒波羅蜜多來保證施而無悔，保證已捨的惡不再回頭。

所以，二地菩薩在行持戒波羅蜜多的時候，基本行的是三十七助道品中的「四正斷行」：首先要保證未生惡不生；在未生惡不生的基礎上，慚愧懺悔，令已生惡斷，未生善生起；進而護念住已生的善，不被惡所侵擾、所污染、所傷毀，令其增長。

《大般涅槃經》中說：「菩薩修持淨戒……見所持戒牢固不動，心無悔恨；無悔恨故，心得歡喜；得歡喜故，心得悅樂；得悅樂故，心則安隱；心安隱故，得難勝定；得難勝定故，得實知見；得實知見故，厭離生死；厭離生死故，便得解脫；得解脫故，明見佛性。」這是依持戒波羅蜜多行於十善業道上，所能得到「一切佛法義利」的善果報。

故知，菩薩修習持戒波羅蜜多，講的是十善業道的不斷遠行深化；以不斷增上善法故，能直達彼岸（從生死八苦的此岸究竟到達常、樂、我、淨的涅槃彼岸），圓滿成就大乘願，得「滿足大願」的善果報。

忍辱莊嚴

《經文》忍辱莊嚴故，得佛圓音，具眾相好法要三。

【白話講解】若依忍辱波羅蜜多行於十善業道，能夠得到佛陀完美無缺的梵音聲相，並得到佛陀的三十二相、八十種好。

法要三：忍辱波羅蜜多

三地菩薩修持忍辱波羅蜜多的時候，已經能夠站穩在十善大地、正信之根、無上菩提心、大乘願、布施波羅蜜多、持戒波羅蜜多的基礎上。

以修持布施波羅蜜多故，能盡捨一切惡；以修持持戒波羅蜜多故，能護住已生善，不讓惡再來污染傷毀，並令善不斷增長；這時修持忍辱波羅蜜多，則能包容一切惡，能經得起一切惡的考驗，而不起任何忿怒瞋恨，因此能轉化一切的惡為善。

例如佛陀於過去五百世做忍辱仙人，被歌利王割截身體、節節支解時，能不生瞋恨，無有傷毀之心（見《金剛經》）。

所以，當菩薩具足圓滿成就忍辱波羅蜜多的時候，其心純善不雜，和外面的一切人、事、物，不再有任何惡性互動，不再見到有任何的傷毀存在，不再受到八苦的逼迫折磨，因此轉惡為善，能體現完美無缺、圓滿無瑕的面相、身相、光彩、氣息、音聲……，也就是具足成就了佛陀的三十二相、八十種好。

精進莊嚴

《經文》精進莊嚴故，能破魔怨，入佛法藏，復以佛法救拔魔怨法要四、五、六。

【白話講解】若依精進波羅蜜多行於十善業道，能夠摧破一切眾魔怨敵的干擾破壞，而深入諸佛正法寶藏，回頭再用佛法來解救提昇眾魔怨敵。

法要四：精進波羅蜜多

菩薩修習精進波羅蜜多，是在修習了布施波羅蜜多捨掉惡，修習了持戒波羅蜜多護住善，修習了忍辱波羅蜜多包容惡並且轉化惡的基礎上，開始準備向「魔」

的佔領區發動的一個凌厲的總進攻。

什麼是「魔」？五蘊魔、煩惱魔、死魔、天魔四種魔。

什麼是「怨」？仇敵。有形的仇敵是惡人、惡事；無形的仇敵是鬼，都是「怨家」。

「魔怨」從何而來？從身、口、意造作十惡而來。

一個發了大乘願的菩薩，從開始持十善法戒，建立十善大地，到立信、發願，行上菩薩道，一路行來，就是不斷地與魔怨展開交戰。也就是說，我們自心中善、惡的兩股力量不斷地在交戰。

在四地之前，一個菩薩法力有限，沒辦法大力降魔，大多只能採取守勢，抵制魔，接受魔的考驗而不被破壞。四地菩薩以精進波羅蜜多作為莊嚴之具時，不只要頂得住魔的考驗，而且要大舉出擊伏怨降魔，大力摧破眾魔怨敵的干擾和破壞，如是方能以更清淨的身、口、意三業，深入諸佛正法寶藏。

法要五：菩薩道就是降魔道

菩薩和魔怨的戰爭，就好像拳擊賽一樣。

初地、二地、三地菩薩修習布施、持戒、忍辱波羅蜜多，就是學習怎麼能更好的挨魔的修理，盡量擋他、架他、躲他、閃他，即使挨到了拳頭，也不致造成重大的傷害。

四地菩薩修習精進波羅蜜多，靠勇猛的精進力，就有資格出拳了，甚至偶爾可以打中魔的要害，但也還是有可能被打倒。

五地菩薩修習禪定波羅蜜多，入於「難勝地」，無論魔怎麼攻擊，菩薩不只不會被擊倒，也絕不會輸給他。

到了六地，菩薩成就般若波羅蜜多，智慧現前，決勝魔的機會，就增大了。

到了七地，菩薩修習方便波羅蜜多，就可以輕鬆自如地和魔拆招了。

到了八地，菩薩修習願波羅蜜多，入於「不動地」，保證不被魔打敗。

到了十地菩薩，還要接受最後的總考試。那就是悉達多太子在菩提樹下，示現接受十二魔軍眾的考驗。通過了這場魔的考試，就是菩薩成佛時。

所以大乘菩薩道，就是降魔道。從初地到十地菩薩位的晉級，就是一段降魔的過程。

在這不斷降魔的過程中，都必須安住在十善大地之上；同時還要披上「慚愧鎧甲」和「大願甲冑」，不斷地深入魔怨的地盤，在不斷地慚愧懺悔和堅實擴大願力中，清淨掉百劫千生以來十種惡行所造下的種種業障。換句話說，從初地到十地的菩薩還要持續以更精細微妙、更廣大深遠的心來持十善法戒，才能徹底伏怨、殺賊（六塵賊）、降魔（四種魔）。

法要六：諸佛正法寶藏

什麼是「諸佛正法寶藏」？就是我們的心。

我們心的內容，是無量無邊、萬法具足的。猶如惠能大師在《法寶壇經．般若第二》中所描述的：「心量廣大，猶如虛空，無有邊畔……大小二乘十二部經，皆因人置……萬法盡在自心中。」

這樣的心，當被覺性的光芒照亮時，就叫「諸佛正法寶藏」（又叫「如來秘密之藏」）；當被眾魔怨敵佔領時，則是一團漆黑的「十惡業田」，又叫「意識海」，即是心理學家所說的潛意識或無意識的世界。

為何說它是「藏」？是「秘密」呢？因為我們進不去。心理學家雖企圖用催眠術或藥物的辦法，來打開這扇心門，但也只能勾勒出一點點浮面的東西。從佛法觀點來看，是因為業障重重；也就是說，我們自己所造的十種惡業，形成了我們進入「諸佛正法寶藏」的障礙。

所以，要依精進波羅蜜多來勇猛摧破這些業障：先在十八界殺鬼，降伏怨敵，止一切惡；在六處聚落，殺六大賊——不被色、聲、香、味、觸、法所侵害；接著才能殺五蘊魔，令五蘊（色、受、想、行、識）不再造作；殺了五蘊魔，也同時殺了五蘊魔的兩個助手——煩惱（我癡、我見、我慢、我愛）魔和死魔；這時，就直接面對天魔，「能與魔王波旬共戰，能摧波旬所立勝幢」（見《大般涅槃經．光明遍照高貴德王菩薩品第十之六》），破無始之「無明」。（請參考第一品法要八：十二因緣法）

當「無明」被摧破的時候，自心地上覺性大放光明，照亮無始劫來一團漆黑的「意識海」，即時還得本心，進入「諸佛正法寶藏」。

「諸佛正法寶藏」裡面，法財無量，受用無盡。不是一個人可以消受得起的，一定要拿來迴向布施給一切眾生，拿來做為「自覺覺人，自度度他」的資糧。

因此，菩薩依精進波羅蜜多行於十善業道，摧破眾魔怨敵所設的重重障礙，深入「諸佛正法寶藏」之後，不但能夠滅度自己的魔怨，同時也可以幫助滅度一切眾生的魔怨。

故經中云：「精進莊嚴故，能破魔怨，入佛法藏，復以佛法救拔魔怨。」

禪定莊嚴

《經文》定莊嚴故，慚愧輕安，能生念慧法要七。

【白話講解】若依禪定波羅蜜多行於十善業道，由於禪定中的覺醒解脫，帶來了輕鬆安祥快樂，正念之力和般若智慧力也同時出現。

法要七：禪定波羅蜜多

修習禪定波羅蜜多的資糧是：持上十善法戒；在十善大地上，樹立正信之根，發起大乘願和無上菩提心；修習布施波羅蜜多大量捨惡；修習持戒波羅蜜多護住已生善；修習忍辱波羅蜜多轉惡為善；修習精進波羅蜜多降魔伏怨。在這些資糧的基礎上，修習禪定波羅蜜多，繼續止惡——降魔、殺賊、伏怨，並依般若波羅蜜多進行慧觀。

所以，禪定波羅蜜多，又叫「止觀」。「止」什麼？止惡。「觀」什麼？智慧觀察。「止惡慧觀」就是禪定。

在禪定中，因能止惡故，因能以智慧觀察故，所見到的惡已不只是泛泛所見的憍慢邪見、瞋恚、嫉妒等的惡，而是要能見到六塵賊的惡，見到四種魔的惡。這樣的慚愧懺悔，才能發露深刻的因、緣、果、報，能覺悟過去之所不覺，因此能照破千年暗障，百劫千生的業當下就可煙消雲散。

因為能以這樣大的自心實力去止惡行善，消除一切業障，一定得到最輕鬆安樂、最高層次的禪悅之樂。而且能夠深入如來秘密之藏，就不止得到四禪之悅樂，還能得一切法喜，得大法苑樂。

在輕安、快樂的同時，捨力、戒力、忍力、精進力，再加上前面的信力、願力，六種力一起出現，加起來就叫「念力」——正念之力。同時，般若智慧力也一起出現。這就是五地菩薩依禪定波羅蜜多行於十善業道上，所得到的善果樂報。

般若莊嚴

《經文》慧莊嚴故，能斷一切分別邪見法要八、九。

【白話講解】若依般若（慧）波羅蜜多行於十善業道，能夠除滅一切矛盾對立二邊邪見的分別執著。

法要八：般若波羅蜜多

般若波羅蜜多，講的就是菩薩依「般若智」清淨掉一切二邊邪見，不再受到一切二邊邪見的雜染，而終究到達「真常、真樂、真我、真淨」的涅槃彼岸。

那麼，如何開啟「般若智」呢？先清淨掉自心的十惡，建立十善大地；樹立正信之根；發起大乘願和無上菩提心；行菩薩道，修習布施、持戒、忍辱、精進、禪定波羅蜜多。在這些基礎上，才有資糧修習般若波羅蜜多，行到菩薩道的轉捩點——在禪定中，具足圓滿成就「般若智」。

入了初地菩薩位，就可以開啟一點「般若智」了。《華嚴經．十地品》上說：「餘非不修，但隨力隨分」。初地菩薩雖然主修布施波羅蜜多，但還是要兼修其它波羅蜜多，包括般若波羅蜜多。

所以從初地，到二地、三地、四地、五地，都能開啟一些般若智慧。直到六地菩薩主修般若波羅蜜多時，般若智慧方才具足圓滿成就。因此，六地又叫「現前地」，指的是能依般若智，「斷一切分別邪見」，見到諸法實相現前。

法要九：般若智

般若智，又叫「除二邊智慧」；又叫「平等性智」。平等，是指一切對立二邊的平等。以什麼平等？以「不二不異」而平等。如何不二不異？以不執著於二邊邪見，清淨掉二邊邪見，達於正見而不二不異。所以，般若智、除二邊智慧、平等性智，名字雖不同，講的是同一回事。除二邊智慧，不是要除掉二邊，不許有二邊，而是要破除對二邊邪見的執著，要令二邊平等互通起來。

諸佛菩薩不「依他而立」，不受二邊的雜染，因此能出入二邊，滅度二邊的邪見，任運自在，遊戲神通。若是不許有二邊的話，就是不許諸佛菩薩示現神通變化，也不許諸佛菩薩以平等心入一切眾生心，度化一切眾生的二邊邪見了。

什麼是「二邊」？是指我們心的無量分別，所分別出來的是非、真假、善惡、美醜、好歹、苦樂、遠近、親疏……。

那麼，應該有無量的二邊啊！為什麼經上只說「斷、常二種邪見」呢？因為「斷」、「常」二邊邪見，是一切邊見的總持。

兩代之間的爭執，往往也是「斷見」與「常見」的鬥爭。老一輩的認為：我過的橋比你（年輕一代）走的路還多，我吃的鹽比你吃的飯還多；年輕的一代，看待老一輩，好比是一本過時的老黃曆，還停不住手地翻、翻、翻，真是落伍！根本應該被淘汰！

所以，二邊對立的矛盾衝突，都是在爭論分別著：什麼是「常」？什麼是「斷」？若執著於我是常的話，你就是斷；我是斷的話，你就是常。我們的心，就是這樣永遠徘徊執著於斷、常二邊的邪見。

從佛陀的真理來講，生老病死、成住壞空、生住異滅的法輪常轉，包括人都是無常的，又何況老人？小孩？如果站在真理這個高、大、正的立場，來看兩代斷、常之爭，則盡屬偏見、成見，無有實性。所以執著於斷、常二邊的邪見，是沒有真理性的。

這二邊邪見是兩根繩索，繫縛住我們心的自由發展，束縛了我們平等性智的開啟；我們所造的一切身、口、意三惡業，也都是根據我們所執著的斷、常二邊邪見而造作的；我們所受的一切苦，無不是根源於這二邊邪見的造作。

所以，本經第一品中，佛陀說：「汝今應當：專注修習身語意業，離惡就善。亦令眾生，了達如是因緣果報，樂修三業離惡就善之法。由是發起智慧之心，正見不動，不復墮在斷、常二種邪見之中，知彼邪見，不能究竟了達因果。」

也就是說，只要我們持上十善法戒，在十善大地上，行於十善業道，開啟了「般若智」，就能將我們的心由二邊邪見中解放出來，做無量的開展，也就具備了修習「慈、悲、喜、捨」四無量心的資糧。

慈莊嚴

《經文》慈莊嚴故，於諸眾生不起惱害；能令眾生降伏煩惱法要十、十一。

【白話講解】若依方便波羅蜜多（慈無量心）行於十善業道，不怕眾生來苦惱傷害，也不想去苦惱傷害眾生；能夠引領眾生去戰勝摧伏煩惱。

法要十：四無量心

第七、八、九、十波羅蜜多，又總稱為「四無量心」。

菩薩發願要滅度眾生，而眾生無量無邊，需要克服的煩惱、痛苦和磨難也是無量無邊。所以菩薩在前六個波羅蜜多的基礎上，若繼續依大願前進，通過慈、悲、喜、捨「四無量心」的修持，定能產生飛躍性的提升和成就，能捨離一切不善業，成就清淨十善業，具足圓滿地調發自心無量無邊無比的實力。如是能度無量眾生，得無量歡喜，行無量法門，開啟無量佛智。

靠「四無量心」這個神通力，菩薩及一切眾生方能畢竟成佛，進入諸佛「真常、真樂、真我、真淨」之涅槃。所以菩薩從修習第七波羅蜜多開始，就進入自在「無量」的境界。

法要十一：方便波羅蜜多（慈無量心）

「慈」就是惠利。修習第七地——「遠行地」的菩薩，因為在六地修習般若波羅蜜多時，已經破除「我與眾生」對立的二邊邪見，見到眾生和我本是「不二不異」，得平等性智，具六大神通，因此能以無量的平等大慈心和神通力作為「方便」，來惠利眾生，對眾生行慈。

故知，行方便波羅蜜多的菩薩，對諸眾生無有任何不善之心，因為他見到一切眾生，被無明覆翳、被貪愛驅使、被業力主宰，而墮入十惡八苦不斷的生死苦海中，不能自出，唯有菩薩能以無量神通平等大慈作為方便幫助他們，也就是引領他們降伏煩惱，令其出離十惡業道，建立十善大地，行上十善業道，一路「遠行」，究竟抵達生死的彼岸，真正離苦得樂。

《維摩詰所說經·佛國品》上說：「眾生之類是菩薩佛土」，因此菩薩必須如是通過度脫一切眾生，開啟無量智慧，對無量眾生作出最大的惠利、行最大的慈，才能降伏自己百劫千生的煩惱，在十善業道上加速「遠行」，直至成佛。此即菩薩最能惠利自他之事。

悲莊嚴

《經文》悲莊嚴故，愍諸眾生常不厭捨法要十二。

【白話講解】若依願波羅蜜多（悲無量心）行於十善業道，因與眾生同體大悲，不捨眾生，度眾無有疲厭。

法要十二：願波羅蜜多（悲無量心）

「悲」，是悲愍、悲哀，是每一個眾生都有的情緒，端看他為誰而悲？為自己感到悲哀、為自己親近的幾個人感到悲哀，是「小悲」。為一切眾生輪轉生死苦海、飽受八苦煎熬、不能自出而感到悲哀，是「菩薩大悲」。

菩薩依願波羅蜜多行於十善業道上，把這個悲愍心無量擴大，去感同身受十方三世六道眾生不同的八苦，並發願「眾生有罪，我願代受」，就是菩薩的「同體大悲」。

「同體大悲」必須要以「平等心」作為基礎，也就是以六地菩薩主修的般若波羅蜜多所成就的「平等性智」為基礎；又必須建立在慈無量心，即方便波羅蜜多的基礎上，以平等惠利一切眾生的心和神通力做為方便，才能夠不捨棄任何一個眾生，不對任何一個眾生起疲厭心，才能去認領感受一切眾生的八苦悲哀，和一切眾生同體，而一切眾生也對菩薩不起厭捨之心。

在這個「同體大悲」的基礎上，菩薩成就了他在開始修道時所發的大願——願與一切眾生離苦得樂，得「真常、真樂、真我、真淨」之樂，得諸佛涅槃之樂。

菩薩如是以無量大悲做為成就大願的目標；又必須依此大願為動力方能成就他的無量大悲，所以願波羅蜜多，又叫悲無量心。

喜莊嚴

《經文》喜莊嚴故，見修善者心無嫌嫉；當得一心無有散亂法要十三。

【白話講解】若依力波羅蜜多（喜無量心）行於十善業道，對其他菩薩和善男子、善女人，都不會去挑剔，更不會去嫉妒，因此能制心一處，其心不會紛散潰亂。

法要十三：力波羅蜜多（喜無量心）

第九「力波羅蜜多」，又叫「喜無量心」，主修「隨緣助喜」。

九地菩薩依力波羅蜜多，行於十善業道，以前面八個波羅蜜多作為資糧，自心有力（信力、願力、捨力、戒力、忍辱力、精進力、禪定力、智慧力、方便力），已超越八地菩薩「不動地」位，不怕被怨敵擊潰、被逆境傾動，也不怕被邪魔外道之說牽著走，所以能夠發起「喜無量心」，隨緣助喜包容一切，沒有任何人事物可以令他不歡喜，他的心也堅定不移，不會紛散潰亂，對修善者也不予以挑剔和嫉妒。

捨莊嚴

《經文》捨莊嚴故，於順違境無愛恚心；微細煩惱皆悉除滅法要十四、十五。

【白話講解】若依淨智波羅蜜多（捨無量心）行於十善業道，處在順境不會起貪著心，處在逆境不會起惱怒心；所有一切微小纖細的『我執』都被斷除消滅乾淨。

法要十四：淨智波羅蜜多（捨無量心）

十地菩薩依淨智波羅蜜多，行於十善業道上，以前面九個波羅蜜多的功德作為資糧，即能捨一切惡、一切苦、一切不淨、一切煩惱、乃至一切微細煩惱。

什麼是「微細煩惱」？微細煩惱指的是「心意識種子」因「無明行」最初出現的那一刻，也就是指「凡夫心墮邪見」的開始。等它們由無形無相到現出具體形相時，就出現了所謂的「我及我所」——菩薩是「我」，眾生是「我所」。

十地菩薩通過慈、悲、喜、捨「四無量心」的修行，行至無量無邊處時，即與六道眾生同體。若與眾生同體，菩薩還存在嗎？眾生還存在嗎？此時，菩薩會發現：「實無有法，名為菩薩」（見《金剛經》）——即滅度了「我」；「實無有一眾生得滅度者」（見《金剛經》）——即滅度了「我所」。此時，所有「微細煩惱」都能被斷除消滅乾淨。

當淨智波羅蜜多圓滿具足時，即是菩薩要成佛時，即得如來身、口、意三業無失，身、口、意三業隨智慧行的功德；也同時能得「於順違境無愛恚心」的佛功德——就是舉世的人都信佛，佛也不高興、得意；舉世的人都反對佛，佛也不難過、生氣。

法要十五：一即是十，十即是一

「波羅蜜多」（梵文「PARAMITA」）的意思是「從生死此岸，究竟到達真常、真樂、真我、真淨的諸佛境界彼岸」。

修行菩薩道，在十善業道上，依十個波羅蜜多的次第行來，即是行於成佛之道，終究能到達彼岸。

依次第而言，有十個波羅蜜多；但若論究竟，十個波羅蜜多，唯有第一布施波羅蜜多，實無有十，其他九個波羅蜜多盡攝於其中。

因為第二持戒、第三忍辱、第四精進、第五禪定、第六般若，這五個波羅蜜多，是佐助法，用來護持第一布施波羅蜜多，令菩薩能「施而無悔」、「施不望報」乃至「平等布施」，以致布施功德堅固不可壞，並堅實增上。

而第七、八、九、十波羅蜜多，也就是「四無量心」，是令菩薩的布施功德行至無量無邊處。如是十惡盡除，純善不雜，身、口、意三業無失，身、口、意三業隨智慧行，圓滿成就布施波羅蜜多，究竟抵達彼岸。

所以，第一波羅蜜多是布施——捨的開始，第十波羅蜜多是布施——捨的終結。方便說有十，合理還歸一。

四攝莊嚴

《經文》四攝莊嚴故，一切眾生隨順化導法要十六、十七、十八、十九、二十、二十一。

【白話講解】若依大乘『四攝法』行於十善業道，全體有情之屬，都歡喜順從，接受菩薩的教化引導。

法要十六：四攝法

「四攝法」就是用布施、愛語、利行、同事這四法，作為菩薩修習十波羅蜜多過程中的莊嚴具和佐助法。

「攝」是收進、包容、攝受、認領。好比「攝影」，把外面的景像投影在底片上，讓它呈相。

「攝」有控制、降伏、引導、調順的意思。比如被什麼所「震攝」。

「攝」還有決定的意思。比如「三聚淨戒」的第一淨戒——「攝律儀戒」，就是以遠離身三、口四七種惡業，為行、住、坐、臥的決定；第二淨戒——「攝善法戒」，就是決定以「如來正教」、「如來方便」都具足成就為善，也就是以十善業道具足成就為善；第三淨戒——「攝眾生戒」，就是指「四攝法」，如果菩薩不能對眾生行四攝法，就是犯戒。

「攝」還有雙向的意思。

綜合上述：菩薩行於十善業道上，心有決定，一方面要攝受、認領眾生，以眾生為菩薩佛土，與眾生同一悲仰；另一方面還要教化、引導眾生，乃至要調順、滅度眾生。因為「自覺覺人、自度度他」是菩薩道的精神和目的，所以這個雙向互動的四攝法，保證菩薩道是互惠、雙贏的法王夷坦道。

法要十七：四攝法的次第

菩薩要先行「布施」才能行「愛語」；行了「布施、愛語」才能「利行」；「布施、愛語、利行」之後才能「同事」，有非常嚴格的次第（見《華嚴經》）。初地菩薩修持重點在布施，其他三項，隨力隨分；二地菩薩重點在布施、愛語，其他兩項，隨力隨分；三地菩薩重點在布施、愛語、利行；四地菩薩具足成就四攝法。因為四攝法就是「攝眾生戒」，所以四地以後的每一地菩薩都還要繼續修持，並且是不斷地擴大提升增益，方能得「一切眾生隨順化導」。

法要十八：四攝法之一「布施」

除了法布施，菩薩也用身、命、財三不堅法布施，讓眾生得到惠利，建立初步的信心，願意來親近菩薩。

《地藏本願經．較量布施功德緣品第十》的「地藏法門」中，列舉了南閻浮提國王、宰輔大臣、大長者、大剎利、大婆羅門等的布施功德。從他們「具大慈悲，下心含笑，親手遍布施」中，可以看出這些相當於初地菩薩的世間主或二地菩薩的轉輪聖王們，是怎麼用心地在以布施來持「攝眾生戒」。

但四攝法的布施，並不光是菩薩布施給眾生，菩薩也接受眾生的布施。如果菩薩能使眾生也布施的話，常常是更方便的一個善緣。因為布施本身是善，透過布施讓眾生看到自己的知捨心，以此善根，更能與菩薩的愛語相應，菩薩也更快地能攝眾生於利行、同事。

法要十九：四攝法之二「愛語」

菩薩的愛語，能指出眾生心中本有善與不善的兩股力量在交戰鬥爭，並幫助眾生正確認識並認領回來那個善的力量，是自心本有的。

菩薩是怎麼以愛語來攝眾生的？依佛陀在「七梵行」裡「知尊卑」的開示：「菩薩當知，信者是善，其不信者不名為善。復次，信有二種：一者常往僧坊，二者不往。菩薩當知，其往者善，其不往者，不名為善。往僧坊者，復有二種：一者禮拜，二者不禮拜。菩薩當知，禮拜者善，不禮拜者，不名為善……聽法者善……至心聽者是則名善……思義者善……如說行者，是則名善……」。（見《大乘大般涅槃經．梵行品》）

菩薩如是以愛語一階一級地調發並提升眾生心中善的力量。

法要二十：四攝法之三「利行」

以「資糧福報」及「修行次第」來攝眾生，就是利行。這修福行道的次第梯子，要一直搭到每個眾生的福田根器所在，也就是要搭到眾生心能夠相應的地方。

《大般涅槃經》裡有一個關於利行的故事：有兩個比丘新加入僧團，對僧團的生態百般挑剔，一會兒要這個，一會兒要那個，把阿難尊者搞得很煩，阿難就去佛陀那兒求救。

佛陀問阿難，這兩個比丘要什麼？阿難說他們要飲食、臥具等。佛陀說，就照他們的要求去做。阿難說，我已照他們要求的做了，但他們還不滿足。佛陀說，沒關係，繼續照他們的要求做，其中自有因緣。

等阿難隨順他們的意思，滿足了他們所有的要求以後，這兩個比丘開始安心學法了。

阿難問佛陀，這是怎麼一回事？佛陀說，這兩個比丘前世已發了菩提心，善根成熟，今世忘失了，又回到僧團學正法，但對世間一些生活細節安排，還有執著。

佛陀為成熟他們，幫助他們安定修行，採取這樣的對待方式，就是利行。

法要二十一：四攝法之四「同事」

同事就是造作共同的事業，在同事中攝受眾生、救拔眾生。比如：

維摩詰菩薩「若在長者，長者中尊，為說勝法；若在居士，居士中尊，斷其貪著；若在剎利，剎利中尊，教以忍辱；若在婆羅門，婆羅門中尊，除其我慢……長者維摩詰以如是等無量方便，饒益眾生。」（見《維摩詰所說經．方便品第二》）如是維摩詰以平等身示現「同事」度化眾生。

《佛說四十二章經》裡，「沙門夜誦迦葉佛遺教經，其聲悲緊，思悔欲退。佛問之曰：汝昔在家，曾為何業？對曰：愛彈琴。佛言：弦緩如何？對曰：不鳴矣！……佛言，沙門學道亦然。心若調適，道可得！」如是佛陀「同事」於沙門的舊業來開解他。

所以同事是指佛菩薩能以平等身入一切眾生身，以平等心入一切眾生心，和眾生造作共同的事業，重新走一遍眾生的心路歷程。

眾生雖有心路歷程，但是在「無明行」中，自己並不見。佛菩薩在布施、愛語、利行的基礎上，讓眾生願意由佛菩薩帶領，再走一遍自己的心路歷程。這一次是以覺性去照亮心之所行的因緣果報，拔出苦因，則任何罪、惡、苦都可以得到開解，乃至得到完全解脫。所以一切眾生八苦的救拔，都要通過諸佛菩薩的「四攝法」，才能得以真實的解脫。

念處莊嚴

《經文》念處莊嚴故，於身、受、心、法善能解了法要二十二、二十三、二十四、二十五、二十六、二十七。

【白話講解】若依『四念處』行於十善業道上，對於『觀身不淨、觀受是苦、觀心無常、觀法無我』這四種觀點，就具有最佳開解了悟的能力。

法要二十二：三十七助道品

從經文「念處莊嚴故，於身、受、心、法善能解了」到「正道莊嚴故，得正智慧常現在前」為止，所講的就是菩薩修行「三十七助道品」的內容——

1. 觀身不淨，

2. 觀受是苦，

3.觀心無常，

4.觀法無我。以上四項即「四念處」。

5.未生諸惡不善法，令不生，

6.已生諸惡不善法，令斷，

7.未生諸善法，令生，

8.已生諸善法，令不失，令增廣。以上四項即「四正斷行」（或稱「四正勤」）。

9.欲定斷行神足，

10.精進定斷行神足，

11.心定斷行神足，

12.觀定斷行神足。以上四項即「四定斷行神足」（或稱「四如意足」）。

13.信根，

14.進根，

15.念根，

16.定根，

17.慧根。以上五項即「五根」。

18. 信力，
19. 進力，
20. 念力，
21. 定力，
22. 慧力。以上五項即「五力」。
23. 念覺支，
24. 擇法覺支，
25. 精進覺支，
26. 喜覺支，
27. 輕安覺支，
28. 定覺支，
29. 捨覺支。以上七項即「七覺支」（或稱「七覺分」，又稱「七菩提分」）。
30. 正見，
31. 正思惟，
32. 正語，

33.正業，

34.正命，

35.正精進，

36.正念，

37.正定。以上八項即「八正道」。

發了大乘願的菩薩在修習三十七助道品時，初地、二地、三地只是略修，但在四地菩薩位時，必須要圓滿成就此三十七助道品。

法要二十三：四念處

「四念處」即是觀「身不淨」、觀「受是苦」、觀「心無常」、觀「法無我」。

《華嚴經卷三十六．十地品．第四地》開示了四念處的觀法，經上說：「佛子，菩薩住此第四地，觀內身，循身觀，勤勇念知，除世間貪愛。觀外身，循身觀，勤勇念知，除世間貪愛。觀內、外身，循身觀，勤勇念知，除世間貪愛。如是，觀內受、外受、內外受，循受觀；觀內心、外心、內外心，循心觀；觀內法、外法、內外法，循法觀，勤勇念知，除世間貪愛。」

法要二十四：觀身不淨

依照以上《華嚴經》開示，「觀身不淨」要先「觀內身（觀己身），循身觀」——從毛、髮、指甲、皮、肉、筋骨觀進來，一直觀到五臟、六腑等三十六種不淨穢臭之物；再觀此身是臭皮囊、九矛瘡、八萬蟲中舍、四百四病惱、四大毒蛇、五蘊怨賊；一直觀到屍身、腐屍，屍水、屍蟲，乃至觀到白骨，觀到空——知己身不淨。

觀完內身，再如是循身「觀外身」——即觀所愛的他身，知他身不淨。然後「觀內、外身，循身觀」，把己身和他身合在一起觀，知一切色身不淨。

如是勤勇念知「身不淨」，捨離對色身的貪愛，以及對護身、養身之物的攀緣，達到「除世間貪愛」的目的，方能「於身善能解了」。

《維摩詰所說經．方便品第二》中，對菩薩修行「觀身不淨」的法門有明確的開示。經中說：「諸仁者，是身無常、無強、無力、無堅，速朽之法，不可信也；為苦、為惱、眾病所集。諸仁者，如此身，明智者所不怙……是身不淨，穢惡充滿；是身為虛偽，雖假以澡浴衣食，必歸磨滅；是身為災，百一病惱；是身如丘井，為老所逼；是身無定，為要當死；是身如毒蛇，如怨賊，如空聚，陰、界、諸入所共合成。諸仁者，此可患厭，當樂佛身。所以者何？佛身者，即法身也；從無量功德智慧生……從斷一切不善法、集一切善法生；從真實生；從不放逸生；從如是無量清淨法生如來身。」

菩薩雖以「觀身不淨」的法門，捨離了對己身、他身、一切眾生身的攀緣心，但因發了無上菩提心及度眾大願，故不捨離己身及一切眾生身。《維摩詰所說經》中開示：「說身無常，不說厭離於身」，講的就是這個既不攀緣，又不厭離的道理。

此菩薩將繼續依如來正教、如來方便修行，帶領一切眾生出離對色身的貪愛攀緣，乃至究竟出離「淨」與「不淨」二邊的邪見，依究竟了義法證得佛陀真淨之身。

法要二十五：觀受是苦

「觀受是苦」仍要依照《華嚴經》所開示，菩薩先觀內受——我自己所受；再觀外受——觀別人所受；觀內、外受——我和一切有情之所受。

即是菩薩觀察自己及一切眾生，不論六識如何出六門去攀緣六塵，所感受、領納到的，都將是「苦」。即使眼前受到的是樂，但以其「無常」故，定是苦因，下一刻就失去了樂性，變成了苦。更不要說老、病、死等「無常」到時，身心所受全然是苦。

菩薩如是勤快、誠實勇敢、不失念地來觀察，取證「世間皆苦」，即能捨離對世間的貪愛執著，於「受悉能解了」。

菩薩以「觀受是苦」，捨離對世間的貪愛，不受世間之苦。但為欲救拔一切眾生，不捨眾生故，乘願再來，以「正受」示現受生，即所謂「關閉一切諸惡趣門，而生五道以現其身」（見《維摩詰所說經．佛國品第一》），繼續引領一切眾生究竟出離「受」與「不受」，「苦受」與「樂受」等二邊之邪見，直至正受諸佛涅槃之樂。

法要二十六：觀心無常

菩薩修習「觀心無常」，也按照《華嚴經》上所開示的「觀內心、外心、內外心，循心觀，勤勇念知，除世間貪愛」來做。

即觀己心、他心，然後把己心和他心合在一起來觀，觀到一切有情的心，都是能造、能受的主體，因為有了「心」的參與，才會有善惡、美醜、苦樂等的了別，及決定是否繼續攀緣或排斥；但「心」是如此變化無常，那麼依心去攀緣的人、事、物又怎麼可能有常呢？而對一切世間貪愛的原動力，原來是這顆「心」；但這顆「心」竟是如此造作不停，又怎麼能滿足得了它的貪求呢？菩薩如是勤勇念知，「除世間貪愛」，方能於「心善能解了」。

菩薩了見「心」的無常性，厭捨出離對世間的貪愛，但不捨離一切眾生。如是以「心念處」莊嚴自心十善大地，以十波羅蜜多清淨身、口、意三業，破除「常」與「無常」二邊邪見，究竟與一切眾生，同證真常、真樂、真我、真淨之清淨無餘大涅槃。

法要二十七：觀法無我

「無我」是指無有自性、無有真實的意思。

菩薩修習「觀法無我」，仍依據《華嚴經》所說：「觀內法、外法、內外法，循法觀，勤勇念知，除世間貪愛」。

內法，指「我」這個去造、去受的主體；外法，指我所造、所受的一切人、事、物——「我所」。

「我」，有生必有死；「我」又在生死大變化之間，有不停的生滅變化。這樣的「我」沒有一個永恆不變的實性，故說「無我」。如果連「我」都不可避免地處在生住異滅，成住壞空的變化之中，都沒有固定不變的性質存在，那麼被「我」所造作出來、又被我所貪愛的「我所」，又哪會有永恆不變的性質呢？我又能攀緣到什麼永遠不變的人、事、物呢？菩薩如是勤勇念知一切法「無我」，看破對世間一切的貪愛，放下一切對世間的希求，方能於「法善能解了」。

菩薩雖「觀法無我」，但以眾生為佛土，以證得無上正等正覺為終極目的，故不捨眾生，與眾生同體。以修習十波羅蜜多，繼續引領一切眾生，破除「有我」及「無我」二邊邪見，究竟證得「諸佛大我」的真我境界。

正勤莊嚴

《經文》正勤莊嚴故，悉能斷除一切不善法，成一切善法法要二十八。

【白話講解】若依『四正斷行』（四正勤）行於十善業道，能夠完全斷除一切已生惡法和未生惡法；成就一切已生善法和未生善法。

法要二十八：四正斷行

佛陀在《華嚴經．十地品．第四地》裡，對「四正勤」的內容有很具體的開示：「此菩薩未生諸惡不善法，為不生故，欲生勤精進，發心正斷。已生諸惡不善法，為斷故，欲生勤精進，發心正斷。未生諸善法，為生故，欲生勤精進，發心正行。已生諸善法，為住不失故，修令增廣故，欲生勤精進，發心正行。」所以「四正勤」是指菩薩勤精進的四個次第。

勤於什麼？勤於「正斷」、勤於「正行」。因此「四正勤」和「四正斷行」是同義詞。

到底何者應斷？何者應行？何者為惡？何者為善？菩薩必須靠「十善法戒」來決定，方能「發心正斷、發心正行」。

所言「正斷」，就是菩薩先戒止當下的十種惡行，令未生惡不生，再依慚愧懺悔法，發露過去自己已造的身、口、意三業的十種惡行，令已生惡斷；如法慚愧懺悔之後，再重新持戒，更能令未生惡不生。菩薩如是發心正斷，如是勤精進。

在「發心正斷」的基礎上，菩薩嚴格遵守四法印、十二因緣法、四聖諦、三十七助道品、十波羅蜜多的次第修行，在每一個修行次第的晉級中，使未生善令其生；又因持戒護持，則使已生善，鞏固不失，修令增長，是名菩薩「發心正行」。

菩薩依「四正斷行」，行於十善業道上，除了考慮自己的修學成就，不斷清淨自己的身、口、意三業，還要把三世六道眾生的總利益考慮進去；也就是「上」要考慮一切眾生究竟成佛，「下」要考慮一切眾生不墮惡趣，出離十惡八苦，如是方能完全「斷除一切不善法，成一切善法」。

神足莊嚴

《經文》神足莊嚴故，恒令身心輕安快樂法要二十九、三十、三十一、三十二、三十三。

【白話講解】若依『四定斷行神足』行於十善業道，能夠使自身自心永遠輕鬆、安適、爽快、悅樂。

法要二十九：四定斷行神足

菩薩以「四正斷行」為精神，通過修習四種「定」——欲定、精進定、心定、觀定，成就「神足通」，愛上哪兒就上哪兒，無障無礙，隨心所欲，如意圓滿，這就是「四定斷行神足」的具體修行。

法要三十：欲定斷行神足

「欲」的梵文是CHANDA，和「願」的意思相通。「欲」（願）本身是一種動力，是一種希求的衝動，任何事都必需要依靠這個動力來成就。但是「多欲」並不表示願力大。多欲若是貪欲小法，會使我們心無決定，反而破壞了我們本願的實現。所以菩薩的「欲」，一要清淨，沒有沾染；二要專一，有所決定。

為清淨故依「四正斷行」，除一切惡，行一切善；為專一故，一切行歸依本願。

如是把心之所欲（本願）作出明智的決定，叫「欲定」。

凡是能傷毀、違反本願的，應「斷」；凡是能增上、成就本願的，應「行」，叫做「欲定斷行」。

這時心中清淨、心有決定、更無動搖；堅牢穩固、無有傷毀，自然容易有所成就，自然身心安適如意，叫做「欲定斷行神足」，為「精進定」奠下了基礎。

法要三十一：精進定斷行神足

肯定了本願，就確定了精進的方向，也確定了精進內容中的嚴謹修行次第。於是一切不利於朝這個方向行進的，應「斷」；一切有利於朝這個方向行進的，應「行」。菩薩如是勇猛精進，沒有抵消和傷毀，就能隨心所欲，如意圓滿，成就「精進定斷行神足」。

法要三十二：心定斷行神足

菩薩在欲定斷行神足和精進定斷行神足的基礎上，心有決定，更無疑悔，明白確定自己精進的方向和步驟，因此所調發出來的身、口二業都是善法，自心也因遠離了憍慢邪見、瞋恚、貪欲，但有所作，多能成就、惠利本願。

此時基本除滅了心中的惡，不被惡所傾動；初步調順自心，心不起惡。於是「斷」一切惡法；「行」一切善法，身心輕鬆、悅樂，成就「心定斷行神足」。

法要三十三：觀定斷行神足

最明智、最正確的觀念、觀點，就是佛之知見。

決定只開佛之知見，不開眾生知見；決定於一切時、一切處、對一切人事物的觀念、觀點，都爭取與諸佛菩薩同見同行，更不造作或發起任何眾生知見。如是眾生知見「應斷已斷」，佛之知見「應開已開」，就叫觀定斷行，保證隨心所欲，如意圓滿，成就「觀定斷行神足」。

因此，菩薩依「四定斷行神足」行於十善業道上，「恒令身心輕安快樂」保證實現。

五根莊嚴

《經文》五根莊嚴故，深信堅固；精勤匪懈；常無迷忘；寂然調順；了諸業因，斷諸煩惱法要三十四。

【白話講解】若依信、進、念、定、慧五種善根行於十善業道，能夠對佛法深生信心，堅定不移；勇猛精進，勤學不厭，無有懈怠；永遠不再迷惘疑惑，也不再遺漏忘失；依法調伏馴順其心，令心清淨安樂；深刻了悟業力的因緣果報，斷除消滅一切煩惱。

法要三十四：五根

菩薩行四丈夫行——近善知識、能聽法、思惟義、如說修行（見《大般涅槃經》）持上十善法戒，建立十善大地，於佛法種下「決定信」之根，入於堅信位，行於十善業道上，不斷加強鞏固信根，即得「深信堅固」的善果。

在深信堅固的基礎上，依次第修行四念處、四正斷行及精進定斷行神足，在精進的方向和次第上，有了堅固不可壞的決定，知道何者應斷、何者應行，如是成就精進根，故得「精勤匪懈」的善果。

又因修習欲定斷行神足，掃除了多欲而無決定的問題；修習心定斷行神足和觀定斷行神足，心中不再有亂疑和異想心，掃除了自我抵消、自我傷毀的阻礙，因此隨時能提起正念——念慚愧，念戒，念己之所信，念已發之願，念已精進成就的一切善法，念精進不懈，念如來的正知、正見，如是成就正念之根，而得「常無迷忘」的善果報。

在正信、正精進、正念三根的基礎上，因已修習四定斷行神足，故能入於禪定，樹立定根，於定中，身心得到「寂然調順」的善果。

當定根深立時，菩薩智慧開啟，了知一切諸業法的因緣果報，而得開啟「善觀察諸業法受因果報智」。依此智慧力，找出一切業因起自煩惱，以慧劍斬四煩惱賊（我癡、我見、我慢、我愛）。則如經中所說，菩薩依慧根深立，即得「了諸業因，斷諸煩惱」的善果報。

菩薩如是於十善大地之上，深植信、進、念、定、慧「五根」。

五力莊嚴

《經文》五力莊嚴故，眾怨盡滅，無能壞者；不愚不癡，永斷過失法要三十五。

【白話講解】若依五種善根之力行於十善業道，能將一切眾魔怨敵全部消滅，再沒有前來破壞擾亂的人、事、物；不再愚蠢，不再癡迷，永遠斷離一切罪過誤失。

法要三十五：五力

菩薩在深種五種善根之後，即能調發五種善根力——信根調發信力；精進根調發精進力；念根調發念力；定根調發定力；慧根調發智慧力。

以此五種善根力能拔除一切魔怨的業根——心中三毒。當這個最凶狠的敵人，成功地被消滅，外面的敵人也同時消逝無蹤了。此時，菩薩就沒有任何人、事、物能來破壞他已種的一切善根；所修的一切善法。故曰「五力莊嚴故，眾怨盡滅，無能壞者」。

修習五根雖能「了諸業因，斷諸煩惱」，卻不能令微細煩惱不生。但菩薩依五種善根力，行在十善業道上，有很大的動力，能破無明，拔除一切粗細煩惱的根源，破除一切愚蠢和癡迷，令身、口、意三業徹底清淨，永滅十惡，永離八苦及一切罪惡過失。

覺支莊嚴

《經文》覺支莊嚴故，如實覺悟一切諸法法要三十六。

【白話講解】若依『念、擇法、精進、喜、輕安、定、捨』——『七覺支』行於十善業道，能徹底覺察領悟一切法的最終真實相。

法要三十六：七覺支

「七覺支」，又名「七菩提分」，是七個通往覺悟的管道：

1.念苦，念慚愧，念十善法戒，念正信之根，念已發起的大乘願，念四法印、十二因緣法、四聖諦、四念處、四正斷行、四定斷行神足、五根、五力等如來正教，是名「念覺支」。

菩薩因修習「四念處」的功德，打通「念」的覺悟管道。

2.能善分別、選擇何者為善，何者為不善；何者已生，何者未生；何者為真實，何者不真實；何者為應機，何者不應機；何者為方便，何者不方便；何者應次第，何者失次第，是名「擇法覺支」。

菩薩因修習「四念處」、「四正斷行」的功德，打通「擇法」的覺悟管道。

3.勇猛無畏地信受奉持如來正教、如來方便，不斷進步，持續增益，是名「精進覺支」。

菩薩因修習「四念處」、「四正斷行」、「欲定斷行神足」和「精進定斷行神足」的功德，掃清了前途的障礙，打通「精進」的覺悟管道。

4.因能善分別善與不善法，勇猛精進地止惡行善，慚愧懺悔，怨結開解，業力消退，丟下包袱，令善增長，得法喜、法樂，身心快然，歡喜悅樂，輕鬆安適，是名「喜覺支」。

菩薩因修習「四念處」、「四正斷行」、「四定斷行神足」以及「五根」、「五力」的功德，打通「喜」的覺悟管道。

5.於佛法深信堅固，精勤匪懈，常無迷忘，寂然調順，了諸業因，斷諸煩惱，是名「輕安覺支」。

菩薩因修習「四念處」、「四正斷行」、「四定斷行神足」、「五根」、「五力」以及前四「覺支」的功德，打通「輕安」的覺悟管道。

6.於眾怨盡滅，無能壞者；不愚不癡，永斷過失，是名「定覺支」。

菩薩因修習「四念處」、「四正斷行」、「四定斷行神足」、「五根」、「五力」及前五「覺支」的功德，打通「定」的覺悟管道。

7.捨離一切惡及惡因、苦及苦因，永斷過失；捨離一切煩惱；乃至能捨離「我」及「我所」，是名「捨覺支」。

菩薩因修習「四念處」、「四正斷行」、「四定斷行神足」、「五根」、「五力」以及前面六個覺支的功德，並依「依止厭、依止離、依止滅、迴向於捨」的口訣，打通「捨」的覺悟管道。

菩薩行於十善業道上，通過這七個覺悟的管道，調發自心的覺性，令身、口、意三業隨佛陀的智慧行，就能「如實覺悟一切諸法」，入佛之知見道，開始行於「八正聖道」上。

正道莊嚴

《經文》正道莊嚴故，得正智慧常現在前法要三十七。

【白話講解】若依『正見、正思惟、正語、正業、正命、正精進、正念、正定』──『八正聖道』行於十善業道，正智慧就隨時出現在前。

法要三十七：八正聖道

「八正聖道」是三十七助道品中的最後八品：

1. 菩薩依前二十九品（從「觀身不淨」至「捨覺支」）的功德資糧所開啟的知見，叫「正見」。「正見」就是佛之知見，也就是菩薩此時能入佛之知見道，與佛同見，熾燃樹立佛之知見。

在「正見」的基礎上，即能行入「正思惟」。

2.菩薩在「正見」的基礎上，一切意業清淨、意業隨智慧行，叫「正思惟」。

3.菩薩在「正見」、「正思惟」的基礎上，一切語業清淨、語業隨智慧行，叫「正語」。

4.菩薩在「正見」、「正思惟」、「正語」的基礎上，一切身業清淨、身業隨智慧行，叫「正業」。

5.菩薩以滅度一切眾生，開啟佛一切智為本願——菩薩使命；依如來方便、如來正教修行，以取證無上正等正覺，是菩薩「正命」。

6.菩薩荷擔「正命」，依正法次第正確地去修行進步，以發明菩提心地，叫做「正精進」。

7.菩薩時時念於「正見」、「正思惟」、「正語」、「正業」、「正命」、「正精進」而不忘失；時時行於「四念處」、「六念處」（念佛、念法、念僧、念戒、念施、念天）專念而不息，名為「正念」。

8.在「正念」的基礎上，菩薩於此入「難勝定」，得五地菩薩果位，是名「正定」。

菩薩如是依「八正聖道」，行於十善業道上，入於「正定」；於「正定」

中，開啟般若智慧，以般若智慧去觀察諸法實相，即進入第六地菩薩位——現前地，故曰：「得正智慧（般若智慧）常現在前」。

止觀莊嚴

《經文》止莊嚴故，悉能滌除一切結使①，斷諸煩惱。

【白話講解】若依禪定中的『止』行於十善業道，能全部清洗消除『五結十使』，斷除一切粗細煩惱。

①結使：指「五結十使」。「五結」指貪、瞋、癡、慢、疑。「十使」是指五種惡見（身見、邊見、邪見、見取見、戒禁取見）及五疑（疑佛、疑法、疑僧、疑戒、疑不放逸）。「結」是打結、繫縛。「五結」就是被五種鎖鏈所捆綁禁錮。「使」是使命、使令。「十使」是指魔對眾生發出的十種指令，眾生被這十種指令驅使，則五毒攻心，顛倒邪迷，橫造諸業，果報無數。「五結十使」即是造作身、口、意三業的根本惡因。

《經文》觀莊嚴故，能如實知諸法自性法要三十八。

【白話講解】若依禪定中的『觀』行於十善業道，能夠正確認識到一切法最終究的真實自性。

法要三十八：止觀

「止觀」就是「禪定」（梵文「Dhyana」），因為「禪定」包括了「Samatha Vipasyana」二個部份：「Samatha」（奢摩他）叫「止」；「Vipasyana」（毗婆舍那）叫「觀」。

「止觀」又是「定慧」；「止」是「定」，「觀」是「慧」；止於定的目的，是為了起慧觀；「止」的境界愈高愈深，「觀」得也愈高愈深。

修習止觀的目的就是止一切惡，行一切善，達到究竟能止於至高至善，具足正確認識一切法的智慧。

所以「十善法戒」是修習止觀最重要的關鍵。若不持戒，就觀察不到自身、自心的十惡，也不能以平等心、正等心觀察、認領、滅度一切眾生的惡，就入不了止觀法門，因此無法開啟智慧。

菩薩在十善大地上，發大乘菩提心，以修習三十七助道品所累積的功德善根，最後「止」於「正定」。在「正定」的基礎上，更增上修行，以「止觀」為莊嚴具，行於十善業道上，使身、口、意三業更加清淨，更加隨智慧行，故能洗清消除五結十使，斷離一切煩惱，正確認識到一切法最究竟的真實自性。

方便莊嚴

《經文》方便莊嚴故，速得成滿為②、無為③樂法要三十九。

【白話講解】若依大乘菩薩道的『十種方便』行於十善業道，能夠很快獲得一切有為法、無為法中的種種幸福快樂。

②為：指的是「有為法」。世間以身、命、財為「有」、為幸福快樂，為求身、命、財之「有」而造作種種事業，故世間法又叫「有為法」。

③無為：指的是「無為法」。小乘人怖畏世間，不以「有為法」為樂，而以出離世間法、不再求有造業為樂，所以小乘法門叫「出世間法」，也叫「無為法」。

法要三十九：如來方便

佛陀在《未曾有說因緣經》中開示：「云何得入菩薩道行？……修菩薩道者，先以方便，調伏諸根。何謂方便？謂六波羅蜜，四無量心，是名方便調伏諸根。」

所以十波羅蜜多，即是「方便」。

依十波羅蜜多，行菩薩道，即能究竟達於佛位，究竟成佛，故十波羅蜜多又稱為「如來方便」。

菩薩依「如來方便」，行於十善業道上，為自覺覺人、自度度他，不斷自淨其意故；為體現周遍圓滿、最平等、最究竟的智慧和覺悟，所以對世間法及出世間法，採取了「不盡有為，不住無為」的立場。

《維摩詰所說經．菩薩行品第十一》中，佛陀對當時眾香世界來問法的菩薩，有明確的開示：

「……如菩薩者，不盡有為，不住無為。何謂不盡有為？謂不離大慈，不捨大悲；深發一切智心，而不忽忘；教化眾生，終不厭倦；於四攝法，常念順行；護持正法，不惜軀命；種諸善根，無有疲厭；志常安住，方便迴向；求法不懈，說法無吝；……何謂菩薩不住無為？……觀於無常，而不厭善本；觀世間苦，而不惡生死；觀於無我，而誨人不倦；觀於寂滅，而不永寂滅；……又具福德故，不住無為；具智慧故，不盡有為；大慈悲故，不住無為；滿本願故，不盡有為；集法藥故，不住無為；隨授藥故，不盡有為；知眾生病故，不住無為；滅眾生病故，不盡有為……諸正士！菩薩以修此法，不盡有為，不住無為……」

所以大乘菩薩道也叫做「世出世間法」。菩薩以「不盡有為」，故能度一切眾生；以「不住無為」，就不入小乘滅盡定，不止於有餘涅槃，繼續精進，證清淨無餘究竟大涅槃，直登佛位。

因此，菩薩以「如來方便」莊嚴十善業道，修行十波羅蜜多時，兼得一切世間樂和出世間樂——「為、無為樂」。

《經文》龍王，當知此十善業道，乃至能令十力④、無畏⑤、十八不共⑥，一切佛法，皆得圓滿。是故汝等應勤修學法要四十。

【白話講解】龍王，要知道：這十善業道行到底，能使佛陀獨有的功德——『如來十力、如來四無畏、佛十八不共法』具足成就，也就是能使全部的佛法都具足成就。所以你們都應當精勤修治學習。

④十力：指「如來十力」。

1.知是處非處智力：如來於一切時空無有障礙，故有智慧對治不同時空中的各種煩惱。

2.知業異熟智力：如來於一切眾生三世業緣果報生處，皆悉遍知。

3.知諸禪定解脫三昧智力：如來於諸禪定之次第，如實遍知。

4.知根上下智力：如來於諸眾生根性勝劣，得果大小，皆實遍知。

5.種種勝解智力：如來能於一切法作最殊勝想。

6.知種種界智力：如來於諸眾生種種界分不同，如實遍知。

7.知一切處、道智力：就是神足通。

8.知宿命智力：就是宿命通。

9.知死生智力：就是天眼通。

10.漏盡智力：就是漏盡通。

⑤無畏：指「如來四無畏」。

1.正等覺無畏：如來成就正等覺故，不只自己無畏，還能施眾生無畏，乃至如來身影都可以施眾生無畏。

2.漏盡無畏：如來已斷盡一切煩惱，任運自在、遊戲神通。

3. 障法無畏：如來闡示修行障礙及除障之法，並對任何非難皆無畏。
4. 說出道無畏：如來宣說出離一切苦、一切惡之道而無畏。

⑥十八不共：即「佛十八不共法」。

1. 身業無失：諸佛自無量劫來持戒清淨，功德圓滿，故於身業無失。
2. 口業無失：諸佛隨眾機宜而說法，恰到好處，無有過失，使皆得證悟。
3. 意業無失：諸佛心中三毒已淨，於諸法無所著，得第一義而安穩。
4. 無異想心：佛於一切眾生平等普度，心無揀擇。
5. 無不定心：佛無有不決定心，攝心安住善法中。
6. 無不知捨心：意即如來的稱號之一「善逝」，善於滅度一切。
7. 欲無減：佛欲惠利救拔一切眾生，令眾生成佛的願，永遠不退減。
8. 精進無減：佛為度眾生，恒行種種方便，摧伏一切魔怨，破除一切障礙，無有休息。
9. 念無減：諸佛一切智慧，相應滿足一切眾生所求，無有退轉。
10. 慧無減：佛具一切智慧，無可侵奪，無可減損。
11. 解脫無減：佛於一切煩惱之習悉盡無餘，於解脫無缺減。
12. 解脫知見無減：佛正知見諸解脫相，了了無障礙。
13. 一切身業隨智慧行。

14.一切口業隨智慧行。

15.一切意業隨智慧行。以上三項乃佛於三業無失，且皆能隨智慧而行。

16.智慧知見過去世無礙。

17.智慧知見未來世無礙。

18.智慧知見現在世無礙。以上三項謂佛之智慧照知三世無礙。

法要四十：十善業道的盡頭

菩薩依如來方便、如來正教（三十七助道品），行十善業道，從初地行到十地菩薩位之後，還要繼續精進行至十善業道的盡頭，蒙佛授記，具足圓滿成就「如來十力、如來四無畏和佛十八不共」的功德，證清淨無餘究竟大涅槃，方登佛位。所以十善業道可以導向最究竟的真善美的境界，也就是佛性「真常、真樂、真我、真淨」的具足體現，是故佛陀勸令：「汝等應勤修學」。

《經文》龍王，譬如一切城邑聚落，皆依大地而得安住；一切藥草、卉木、叢林，亦皆依地而得生長。此十善業道，亦復如是：一切人天依之而立；一切聲聞、獨覺菩提，諸菩薩行，一切佛法，咸共依此十善大地，為根本安住，而得長養成就法要四十一。」

【白話講解】龍王，好比各個城市、鄉鎮、村莊、部落，都得建立在大地之上，以大地作為堅固基礎；所有的藥材、野草、花卉、樹木、森林都得從大地上生長出來。這十善業道，也是一樣：人道和天道的品質特性都得建立在十善大地之上；全部的佛法，包括小乘的覺悟、中乘的覺悟和大乘菩薩十地諸行，都得建立在十善大地之上，只有以這十善大地作為堅固基礎，才能得到進步成就。」

法要四十一：十惡業田與十善大地

一切美好的事，不管屬於世間的，出世間的，還是世出世間的，都是以十善大地作為根本安住而得長養成就。

一切地獄法、畜生法、餓鬼法以及人間惡法，都是以十惡業田作為根本安住而得長養成就。

正如《占察善惡業報經》中說：「言十善者，則為一切眾善根本，能攝一切諸餘善法；言十惡者，亦為一切眾惡根本，能攝一切諸餘惡法。」

十惡業田在哪裡？在我們心中。十善大地在哪裡方能建立起來？也要在我們心中。

因為每個人的心裡都有善良、邪惡兩股力量在鬥爭，而邪惡的力量，永遠在考驗善良的力量，向善良的力量挑戰。只有堅持十善法戒，使善良經得起邪惡的挑戰、考驗，進而降伏邪惡，方能把十惡業田改造成十善大地。有了十善大地，才是一切人天善法和全部佛法的基礎——「根本安住」。

《經文》佛說此經已，娑竭羅龍王並在會諸菩薩摩訶薩，一切聲聞及天人、阿修羅、乾闥婆等，一切大眾，聞佛所說，歡喜奉行法要四十二。

【白話講解】佛陀把這部經說完了以後，娑竭羅龍王和參加本次法會的諸位菩薩摩訶薩、全部聲聞、天人、阿修羅、乾闥婆等全體會眾，聽了佛陀的開示，都高高興興地去信奉實行。

法要四十二：唯一救贖

正如在本經一開始的法要中提到：這部經是佛陀在中晚期說的法。此時佛陀說法，偏重關注到我們這些末法時期南閻浮提的罪苦眾生。實際上佛陀是交待來參加此次法會的菩薩摩訶薩、阿羅漢、領袖級的天龍八部等，要廣為宣說十善法戒，以十善法戒來救拔我們。因為十善法戒，是我們目前遠離十惡，離苦得樂唯一的救贖。

「法要」索引

附錄一：三條路的選擇

佛陀在《占察善惡業報經》裡講：此時此土的眾生（不論是位高權重的或是卑微低下的；有錢的或是沒錢的；東方的或是西方的）都活在四種心態底下，就是：一、怯弱，二、衰惱，三、逼迫，四、恐怖，隨時擔心著自己以及親眷的資生之具不足。

如果我們同意這個看法，就不會再為自己的痛苦感到委屈而抱怨，也不容易嫉妒和瞋恨了。因為人人跟我們的感覺都是差不多的，只是我們經常自私、愚昧到只注意自我的感覺而無法看到別人的心。

那麼，我們該如何來面對生命裡所充滿的怯弱、衰惱、逼迫和恐怖呢？

如果我們認為這些全是因為外力的逼迫、排擠、傷害、剝削、輕賤、踐踏和屈辱所造成的，我們有兩個選擇來解決這個問題——

第一：選擇繼續耷拉著腦袋，眼睛看著地，心裡哼聲不斷、恨聲不絕，繼續含羞忍苦地過著縮頭縮腦的日子，繼續活在怯弱、衰惱、逼迫、恐怖中。

第二：對一切我們認為的惡人，乃至潛在的敵人進行姦擄燒殺、瞋恨嫉妒等十惡具足的反攻，把他們消滅掉，以此為「離苦得樂」之道。

但是，我們還有第三個選擇：就是認定我們之所以苦，是因為自己沒有尊嚴；沒有尊嚴，是因為我們的生命沒有價值。而這個尊嚴，不能靠我們的「敵人」來幫我們建立；這個價值，也不能靠我們的「敵人」來予以認定，因為這些人既然早已選擇了否定我們，怎麼還能要求他們來肯定我們呢？因此只有一個辦法——就是去建立、維護自己的尊嚴，去擴大、提升自己的生命價值。

從哪裡開始呢？就從為自己的生命負責開始——也就是為自己的思想（意業）、言論（口業）和行為（身業）負責。怎麼負責呢？就是令自己的身、口、意三業遠離十惡。也就是說，在思想上，遠離憍慢邪見、貪欲慳吝、瞋恨嫉妒；在言論上，遠離妄語、兩舌、惡口、綺語；在行為上，遠離殺生、偷盜、邪婬。如是就具體地為自己的生命負起責任來。

一個能為自己生命負責的人，就是一個有尊嚴的人。這個尊嚴別人不能抹煞，也不能否定，因為它是真實的。這樣的人不再需要自我肯定或求他人肯定，在一切眾生中都會受人愛念、尊重和擁護，鬼神也都要來守護，乃至諸佛、諸天菩薩都齊來加持護念。這才是真正最快離苦得樂的辦法。

以上三條路的長短、凶吉、苦樂、遲速、明暗大有不同。有的好走，充滿了吉祥、安隱、幸福、快樂；有的難走，充滿了痛苦、殘忍、險難、凶惡。

選擇第一、二條路的人，造作十惡的機會多，因此所受的磨難和苦也多；選擇第三條路的人，造作十惡的機會少，因此所受的磨難和苦也少得多。

但不論我們選擇了哪一條路，最重要的是，諸佛菩薩不計我們一毛、一渧、一沙、一塵的惡，永遠只計我們的善，乃至一毛、一渧、一沙、一塵的善，隨時都在加持、護念、眷顧並且歡喜隨順著我們——因為這就是我們自己選擇的「覺悟之路」，我們都終將從這條自己選擇的路上得到覺悟。

《編者按》這篇文章是黃老師於兩千零三年三月十五日的開示。

附錄二：做好人才能做好事

「有福之人，做人不做事；無福之人，做事不做人」。為什麼這樣說呢？「做人」的人，能把別人的長處和善良調動起來，自利和利他一致，變成一個「共同體」，共同去成就謀得幸福快樂的事業，自然是一個有福的人。

「做事」的人總認為：這件事只能由我一個人來做，誰也不要來插手，萬一誰出了力，就搶了我的功勞、削弱了我的力量。殊不知，這樣的貢高我慢心，已經把別人都變成了對立面，甚至潛在的敵人，並將自心陷入逼迫恐怖之中，當然是一個無福的人。

中國有句俗話說：「一個好漢也得倆個人幫」。也就是說自己一個人成不了「好漢」，非得要有別人來幫忙，才能成就好漢。

如何把人做好？

既然做人可以這樣美好，那麼如何把人做好呢？

就是要正確對待自己和別人的善與惡。

在學會正確對待善與惡之前，先要正確地認識什麼是「善」與「惡」。這個標準就是——十善法戒——身、口、意三業遠離十惡就是「善」，不能遠離十惡就是「惡」。

對自己用這個標準，對親人也用這個標準，對一切人都用這同一個標準，就能正確對待善與惡。

任何一個人，清楚地掌握這唯一的善惡原則，遠離了十惡，就是一個成功的人，就是一個會「做人」的人。

從自己做起

認識了十善法戒，就要從自己能遠離十惡做起，否則仍舊不能正確地對待善與惡。

任何人若依「憍慢邪見」（十惡之首）而見：認為自己的「善」都是了不得的，而自己的「惡」都是甚可原諒的；別人的「善」都是不足為道，別人的「惡」卻都是不可原諒的。這正是錯誤地對待善與惡。

當憍慢邪見演發成了貪欲、慳吝，若有人對我們所貪欲、所慳吝的名聞利養作了梗，或有所侵奪傷害，他就成了不可原諒的「大惡人」，就要對他進行懲罰報復，因此繼續造作身三、口四七種惡業，都是合乎情理法的。這就更加錯誤地對待善與惡了。

美國有條保障私人財產的法律，明文規定屋主可以對任何私自闖入家門院牆的人開槍，打死對方是不犯法的。但可曾想過：也許闖進來的人並無傷害之意，只是迷了路，想來打探一下，這樣的意圖竟不可原諒，反而拿槍殺人者值得原諒。

當我們錯誤地對待善與惡，就把「人」給做壞了，而「壞人」只能做「壞事」。或許這些壞事，暫時還能帶來名聞利養，但終究定被五家分享——王、賊、水、火及非愛子散滅（詳見《新輯十善業道經．第三品》）。但無論如何，造作十種惡行，必得自傷傷人的惡果。

做人、做事的果報

只「做事」而不「做人」的人，只想在做事上體現自己的力感、證明自己的價值。殊不知，這正是以心中三毒為動力，以十種惡行來造作事業，錯誤地對待了善與惡，背離了「做人」的原則，因此將會得到兩種果報：

一是怨嘆於「竹籃打水一場空」。因為所做的事、所得的名聞利養，都是在無常變化之中。當無常大鬼來侵襲，就奪走了一切。

二是在「做事」的過程中，除了吃拳頭、挨刀子外，還時常擔憂事情的成敗，進而跟多少人起惡性互動，造作多少十種惡行，除了不斷製造敵人外，自心也愈行往孤獨寂寞、封閉隔絕的死巷底。

「做人」的人就不一樣了。他能挑起做人的責任，荷擔身、口、意三業，遠離十種惡行。所以他對自己、對一切眾生，都沒有傷毀只有惠利。因此，大家都樂意幫他做事，好的事業也找上他，不管他做什麼「事」，保證都是好事，名聞利養自然衝著他去。

共生互利

每個人都希望能為別人作些好事，但要選擇誰作對象呢？一定會選擇對自己無傷害的人。

有些人非常願意去領養貧窮地區有色人種小孩。但是一個種族主義者，認定有色人種是人類的包袱、災難，對他只有傷害，就絕對不肯花這筆錢。

我們還認識一位朋友，在時局動亂的年代裡入了監獄，但是他為人善良，不懷惡意，即使在牢中，仍受到其他囚犯的照顧和關愛。是知，連最凶惡的犯人，都願意為善人作出點好事來。

在畜生道裡，有許多兩種以上的動物共存、寄生。例如犀牛背上的鳥，靠著吃犀牛皮上、耳內的寄生蟲而存活，若有敵情出現，牠還會高飛鳴叫，警告犀牛；還有些鳥，專吃鱷魚牙縫裡的垢物，幫鱷魚清牙。

互相依存、共生，只能在互相絕不懷疑對方有傷害心的情況下，才會發生。若這些鳥類感受到犀牛或鱷魚有絲毫的傷害心，就無法與之共生。畜生之類尚且如此，何況人道。

一個「做人」做得成功的人，對任何人都無有傷毀只有惠利，凡事必定引來幫忙，而且無人破壞。

把人做好，鬼神護念

有句俗語說：「有錢能使鬼推磨」。許多人認定：用錢賄買鬼神，鬼神就來幫你；用錢賄買人，人就為你做事……一旦錢斷了，或供養不夠豐盛，鬼神就不推磨，人也不幫忙，甚至還遭懲罰、報復。

任何一個遠離十惡的人，只要把「人」做好了，就不需要賄買任何神、任何鬼、任何人。因為他散發出來的訊息是絕無傷毀的，而且無論做什麼事，都能惠利眾人，所以大家都願意為他做事，鬼神都心甘情願去護念他，乃至還能調發起整個宇宙的力量去配合他。

《地藏本願經．閻羅王眾讚嘆品》中，惡毒鬼王對世尊說：「世尊，我等諸鬼王，其數無量，在閻浮提，或利益人，或損害人，各各不同……或有男子、女人，修毛髮善事……我等鬼王敬禮是人，如過去、現在、未來諸佛。敕諸小鬼，各有大力，及土地分，便令衛護，不令惡事、橫事、惡病、橫病、乃至不如意事，近於此舍等處，何況入門」。

結尾

每個人的身、口、意三業，就是他自己全部的「事業」。若能遠離十惡來經營「事業」，則得好事、美物。由於他能正確地認識、對待善與惡，故得一切眾生的幫助和支持，無人作梗，因「順」而得「利」，不需要再去擔心「做事」，只需好好繼續「做人」，牢牢看緊他唯一的「事業」──令身、口、意三業遠離十惡。這樣的人，百般順心，萬事如意。

人道真正的價值，是體現在秉照著十善法戒「做人」，能夠為自己的身口意三業負責，因為十善戒法是真常、是真理，是不可改變或毀壞的。持十善法戒的人，做善人、做好人就是他的事業，而且是他生生世世的事業，生生世世他就只從事這同一個事業，那就是——遠離十惡，行在十善業道上。而事物是無常短暫、敗壞變異的，絕不是人道真正的歸依處。

《編者按》這篇文章是黃老師於兩千零三年二月十一日的開示。許多同學和朋友們讀了都深受感動，不但開解了許多心中沉積已久的疑惑，也對未來的人生有了更明確的方向，為了希望讀者們也蒙受同樣的惠利，並更深入了解《新輯十善業道經》，特將此文刊出。

附錄三：「東山文集」簡介

東山文集001《地藏本願經——白話講解及地藏法門》簡介——

這部經解，長達二十四萬字，是黃老師繼所著《地藏本願經經法研探及標注》之後，再次深入地探討《地藏本願經》。由於這部經，對我們這些末法時期的眾生特別重要，而本經主要的內容正是「他力接引法門」，為了怕那些看不起燒香拜佛、祈福消災、唸佛持咒、持戒修福的人排斥此經，也希望避免以愚夫愚婦的迷信心來和這部寶貴的經典相應，黃老師從「自力法門」和「他力法門」、「俗諦」和「真諦」、「顯教」和「密意」等角度，對經文作了深入精闢的闡述和發揮。祈望一切眾生皆得蒙受地藏經法的惠利。

東山文集002《未曾有說因緣經——白話講解及經法研探》簡介——

《未曾有說因緣經》是佛陀早期弘法時所開示的經典，主要內容是通過二十三個「故事」來表述的，所以比起其他大乘經典，顯得生動活潑、感人易讀。就在淺顯易讀的字裡行間，就在生動活潑的情節描述中，處處提示著如來正教、如來方便以及它們的修學次第；在在強調著「能善分別善與不善法」的重要性。這部經解，長達二十萬字，黃勝常老師除了白話翻譯和註解經文外，還開示了一百條法要，希望能為想深入本經法義的朋友們提供方便，以蒙受經典中無價寶藏的惠利。

東山文集003《**學持戒**》簡介——

什麼是戒？為什麼要持戒？持戒還要學嗎？是的，一切人都應該學佛陀所親訂的戒，因為佛戒次第分明，依眾生的因緣、根器、資糧、福報而加以有次第的導引，欲令一切眾生都能止惡行善，都能究竟離苦得樂。本書中，黃勝常老師方便善巧地開示了佛戒的次第、持戒的目的、持戒的原因、如何持上戒，並把「十善法戒」作為重點。

東山文集004《**佛法與人生百問答**》簡介——

這本書共提出了一百個問題，其中許多問題，都是每個人曾經想過的，但可能是站在不同的層面，或不同的角度去想的。那麼，這本書，黃勝常老師就提供愛思考的朋友們一些新的切入點，依佛法的正知、正見、正覺，從不同的方位，不同的高度去重新看待、探索一些人生重要的問題。

東山文集005《修學佛法百問答》簡介——

這本書提出的一百個問題，取自黃勝常老師近兩年來書信往返以及與各界朋友的討論，都是真人真事。這「一問一答」的方式，直接而深入淺出地討論了大乘佛法的學習方法和修行次第，內容有如何樹立正信、發大願、捨、持戒、禪定等。願以此書，與一切想學佛、初學佛的朋友結上佛緣；與一切佛子更結佛緣。

您讀了這些書，如果有任何的疑問，可以來信、傳真或電郵，做進一步的討論。

聯絡地址是：

㈠美國東山講堂
Dong Shan Institute
23811,122nd Ave. E.,

Graham, WA98338
U.S.A.
電話：(360)893-8814
傳真：(360)893-8816
E-mail:dongshaninst@msn.com

㈡東山講堂台北工作室
臺北市106仁愛路四段50-21號四樓
電話：(02)2708-3272
傳真：(02)2754-9704
E-mail:dstpe@ms27.hinet.net

東山講堂編輯部

位於美國華盛頓州西雅圖東南郊區的東山講堂

東山講堂面對終年積雪的雲霓山

國家圖書館出版品預行編目資料

新輯十善業道經／黃勝常作. - - 第一版. - -
臺北市 ： 東山講堂, 民 92
面： 公分. — —（東山文集 ; 6）
含索引
ISBN 986-80086-5-4（平裝）

1. 經集部
221.73 92010267

東山文集 006

新輯十善業道經

作者／黃勝常
編輯／東山講堂編輯部
出版／東山講堂
地址／臺北市 106 仁愛路四段 50-21 號 4 樓
電話／(02)2708-3277
傳眞／(02)2754-9704
E-mail：dstpe@ms27.hinet.net
郵撥帳號：19769134
戶名：黃昌瑛

定價：220 元
出版日期：2003 年（民 92） 7月 第一版第一刷
2004 年（民 93）10月 第一版第二刷
總經銷：紅螞蟻圖書有限公司
地址：台北市內湖區舊宗路二段 121 巷 28 號 4 樓
電話：(02)2795-3656
傳眞：(02)2795-4100
ISBN：986-80086-5-4